# दीवान ए अबु तालिब

सैयद शादाब अली

Made with ♥ on the Notion Press Platform
www.notionpress.com

# क्रम-सूची

# क्रम-सूची

# क्रम-सूची

# इंतिसाब

अस्सलाम ओ अलैकुम व रहमातुल्लाहे व बराकातहु। अल्लाह के नाम से शुरू जो अव्वलों से ज्यादा अव्वल और आखिरों से ज्यादा आखिर है। वो अल्लाह जो पंजतन ओ अहलेबैत को भी ख़ल्क़ करने वाला वाहिद ओ अहद रब है।


एक भतीजा, एक बेटा, एक बहु, दो नूरऐन
                चादर ए ततहीर में, कुन्बा अबु तालिब का है


इस किताब को लिखने का मक़सद ये है की रसूलुल्लाह सल्लललाहु अलैहे व आलिही व सल्लम की परवरिश करने वाले हज़रत सरकार अबु तालिब अलैहिस्सलाम के लिखे अश्शारों को मुआशरे के सामने लाया जाए और आम किया जाए। वैसे तो ये तमाम अश्शार, कई किताबों में मौजूद हैं लेकिन अरबी जुबान में मिलते हैं या कुछ का उर्दू तर्जुमा भी मिल जाता है। इस किताब में सरकार अबु तालिब अलैहिस्सलाम के लिखे अश्शारों को एक जगह जमा करने की कोशिश की गई है। इसमें अरबी, Arabic-English transcription के साथ-साथ अश्शारों को आसान हिंदी-उर्दू जुबान में लिखा गया है। समझने में आसानी हो इस नियत से अश्शारों को थोड़ा तफ़्सीर से समझाते हुए लिखा है। मैंने इस किताब को लिखते वक़्त ये भी कोशिश की है की इसमें उर्दू और हिंदी के कठिन लफ़्ज़ों को इस्तेमाल ना करके, आम बोल चाल में कहे जाने वाले लफ़्ज़ों को इस्तेमाल करूँ ताकि ये हर इंसान को आसानी से समझ में आ सके।


सरकार अबु तालिब अलैहिस्सलाम ने अपनी तमाम ज़िंदगी, नबी करीम मुहम्मद सल्लललाहु अलैहे व आलिही व सल्लम की नुसरत और हिफ़ाज़त के लिए वक़्फ़ कर दी और आप दीन ए हक़ इस्लाम के लिए हमेशा खड़े रहे। आपने इस्लाम और रसूल ए ख़ुदा के लिए जो किया है उससे ये साबित होता है की आप अल्लाह त'आला की तरफ़ से भेजे गए बंदे थे जो हक़ दीन की, रिसालत की निगेहबानी, नुसरत और हिफ़ाज़त करने के लिए, इमामत को पालने के लिए दुनिया में तशरीफ़ लाए थे।


बाद ए रसूल सल्लललाहु अलैहे व आलिही व सल्लम हर दौर में लोगों ने हक़ीक़ी दीन ए इस्लाम के मुक़ाबले में तख़्लीक़ी दीन बनाया और फैलाया। तख़्लीक़ी दीन के मौलवियों की

पहचान ये है की वो मौला अली अलैहिस्सलाम से बुग़्ज़ रखते हैं और इसी बुग़्ज़ में मुब्तिला, यज़ीदी मौलवियों ने आप सरकार अबु तालिब अलैहिस्सलाम को भी नहीं बख़्शा और आप पर बेईमान होने के, काफ़िर होने के झूठे इलज़ाम लगाए।

ये किताब, हक़ीक़ी दीन पर चलने वालों और मौला अली अलैहिस्सलाम से मुहब्बत रखने वालों के लिए किसी तोहफ़े से कम नहीं है लेकिन ये ही किताब, तख़लीक़ी दीन पर चलने वाले मौलवियों और यज़ीदी मौलवियों की अंधी तक़्लीद करने वालों के गाल पर तमाचे की तरह है।


उनकी आमद पर खड़े हैं, बा'अदब बारह इमाम
तुम ना समझोगे कभी, क्या रुत्बा अबु तालिब का है

# हज़रत अबु तालिब अलैहिस्सलाम का तआरुफ़

हज़रत अबु तालिब अलैहिस्सलाम की विलादत, सन् 535 AD में क़ुरैश खानदान के बनु हाशिम कबीले में हुई, कुछ मुअर्रिख़ीन ने 539 AD भी लिखा है। आपके वालिद का नाम हज़रत अब्दुल मुत्तालिब था और आपकी वालिदा का नाम बीबी फ़ातिमा बिन्त अम्र था। हज़रत अबु तालिब का असल नाम इमरान था और आपकी कुन्नियत अबु तालिब थी। रसूलुल्लाह सल्लललाहु अलैहे व आलिही व सल्लम के वालिद हज़रत अब्दुल्लाह बिन अब्दुल मुत्तालिब, हज़रत अबु तालिब के सगे भाई थे। हज़रत अब्दुल मुत्तालिब, बनी हाशिम के सरदार थे और हज़रत अबु तालिब भी बाद में बनी हाशिम के सरदार बने।

हज़रत अबु तालिब की पाक ज़ात को समझने के लिए ज़रूरी है की पहले इनके वालिद और रसूलुल्लाह सल्लललाहु अलैहे व आलिही व सल्लम के दादा हुज़ूर सरकार अब्दुल मुत्तालिब के मकाम को समझा जाए।

साल 570 AD में, यमन के बादशाह, अबरहा ने मक्का की तरफ़ चढ़ाई की। उसके साथ हाथियों की ऐसी बड़ी फौज थी, जैसी अरब के लोगों ने पहले कभी नहीं देखी थी। जब उसकी फौज, मक्का में दाख़िल हुई तो उसके सिपाहियों ने लोगों के जानवर लूट लिए जिसमें हज़रत अब्दुल मुत्तालिब के ऊँट भी शामिल थे और कुछ रिवायतों में मिलता है की सिर्फ़ हज़रत अब्दुल मुत्तालिब के ही ऊँट ले गए।

इस वाक्ये के बाद, हज़रत अब्दुल मुत्तालिब, अबरहा से मुलाकात के लिए गए, उसे मालूम था की आप हज़रत अब्दुल मुत्तालिब, सरदार ए बनी हाशिम हैं और वो सोच रहा था की आप हज़रत अब्दुल मुत्तालिब उससे समझौता करने या जंग टालने की गुज़ारिश करने आ रहे हैं लेकिन हज़रत अब्दुल मुत्तालिब ने उससे अपने जानवरों को वापिस करने की बात की, जिसे सुनकर वो हैरान हो गया और कहने लगा की आप सिर्फ़ ऊँटों को लेने के लिए आए हैं, खाना ए काबा पर चढ़ाई रोकने की गुज़ारिश करने नहीं?, उसकी बात सुनकर हज़रत अब्दुल मुत्तालिब ने बड़ा प्यारा जवाब दिया, "ये जानवर मेरी मिल्कियत हैं और मैं इनकी हिफ़ाज़त करके वापिस ले जा रहा हूँ और काबा खुदा का घर है, वो खुद उसकी हिफ़ाज़त कर लेगा।" (हज़रत अब्दुल मुत्तालिब के दौर में भी तौहीदपरस्त कम थे और आपका साथ ना देते बल्कि मैदान छोड़कर भाग जाते और ये बात आप बखूबी जानते थे।)

फिर हज़रत अब्दुल मुत्तालिब को उनके ऊँट वापिस कर दिए गए और हज़रत अब्दुल मुत्तालिब ने अपने रब से मुनाजात की और खाना ए काबा को बचाने की दुआ भी की उसके बाद, अल्लाह रब उल इज़्ज़त ने अबाबील यानी छोटे से परिंदों को भेजा और वो अपनी चोंच में कंकड़ियाँ भरे हुए थे, वो चोंच से कंकड़ छोड़ते जो नीचे आते-आते बड़े पत्थरों में तब्दील हो जाते और आखिर में अबरहा की हाथियों वाली फौज भी तबाह हो गई। कुरआन में भी अल्लाह रब उल इज़्ज़त ने सूरः फील नाज़िल की और इस वाक़्ये को आयतों के ज़रिए बयान किया -

بِسْمِ اللَّهِ الرَّحْمَٰنِ الرَّحِيمِ

أَلَمْ تَرَ كَيْفَ فَعَلَ رَبُّكَ بِأَصْحَابِ الْفِيلِ

أَلَمْ يَجْعَلْ كَيْدَهُمْ فِي تَضْلِيلٍ

وَأَرْسَلَ عَلَيْهِمْ طَيْرًا أَبَابِيلَ

تَرْمِيهِمْ بِحِجَارَةٍ مِنْ سِجِّيلٍ

فَجَعَلَهُمْ كَعَصْفٍ مَأْكُولٍ

क्या तुमने नहीं देखा कि तुम्हारे रब ने हाथी वालों के साथ क्या बरताव किया है?, क्या उनकी चाल को बेकार नहीं कर दिया है?, और उन पर उड़ती हुई अबाबील को भेज दिया है। जो उन्हें खड़न्जों की कंकरिया मार रही थीं। फिर उन्होंने उन सबको चबाये हुए भूसे के मानिन्द (तरह) बना दिया। (कुरआन - सूरः फील)

तारीख़ में इस साल को आम उल फील कहा गया और ये ही वो साल था जब अल्लाह के हबीब, तमाम मख़्लूकों के सरदार, रहमातुल्लिल आलामीन, नबी ए खुदा, अल्लाह के रसूल, तमाम अम्बियाओं के इमाम मुहम्मद मुस्तफ़ा सल्लललाहु अलैहे व आलिही व सल्लम की विलादत ओ ज़ुहूर हुआ और आप दुनिया में ब'ज़ाहिर तशरीफ़ ले आए।

हज़रत अब्दुल मुत्तालिब के 12 बेटे और 6 बेटियाँ थीं, आपको अपनी औलादों में सबसे महबूब, हज़रत अब्दुल्लाह थे जो रसूलुल्लाह सल्लललाहु अलैहे व आलिही व सल्लम के बाबा हैं। हज़रत अब्दुल्लाह, मुहम्मद मुस्तफ़ा की विलादत के पहले ही इस दुनिया ए फ़ानी से कूच कर गए और आपकी वफ़ात के बाद, हज़रत अब्दुल मुत्तालिब ने बीबी आमना बिन्त वहाब और मुहम्मद मुस्तफ़ा सल्लललाहु अलैहे व आलिही व सल्लम की देखभाल की और

रसूल ए खुदा की परवरिश की। आप, अपने पोते से बेहद मुहब्बत किया करते थे और बखूबी जानते थे की मेरा पोता ब'कमाल है, आला है और अल्लाह का रसूल है।

जब रसूलुल्लाह तकरीबन 6 साल के थे तब आपकी प्यारी वालिदा इस दुनिया ए फानी से कूच कर गईं और आपकी वफ़ात हो गई। अल्लाहु अकबर क्या ही बुलंद मर्तबे के हैं हज़रत अब्दुल्लाह और बीबी आमना की जिन्हें रब ने मुहम्मद मुस्तफ़ा सल्लललाहु अलैहे व आलिही व सल्लम जैसा बेटा अता किया जो रसूलों के भी रसूल और अल्लाह के हबीब हैं। हज़रत अब्दुल मुत्तालिब की भी उम्र बढ़ रही थी और आप चाहते थे की मौत के पहले, रसूलुल्लाह सल्लललाहु अलैहे व आलिही व सल्लम की जिम्मेदारी अपने किसी बेटे को सौंप दें। एक रोज़ आपने अपने सारे बेटों को जमा किया और उनसे अपने दिल की बात कही, आपने फरमाया की अब मैं बूढ़ा हो चुका हूँ और अनक़रीब है वो वक़्त की मैं अपने रब ए हक़ीक़ी से जा मिलूँगा लिहाज़ा मैं मुहम्मद की जिम्मेदारी और बनी हाशिम की सरदारी अपने किसी एक बेटे को दे देना चाहता हूँ, तुम में से जो भी ये जिम्मेदारियाँ उठाने तैयार हो, वो कहे। तारीख़ में दो तरह के वाक़्ये मिलते हैं, मैं दोनों ही लिख रहा हूँ।

एक वाक्या ये कहता है की आपके ज़्यादातर बेटे बनी हाशिम के सरदार बनने तो तैयार थे लेकिन मुहम्मद मुस्तफ़ा की जिम्मेदारी लेने से पीछे हट रहे थे, तब हज़रत अबु तालिब आगे आए और फरमाया, "बाबा! मुझे बनी हाशिम की सरदारी की तमन्ना नहीं लेकिन मैं मुहम्मद मुस्तफ़ा की जिम्मेदारी लेना चाहता हूँ और मैं मुहम्मद की परवरिश, नुसरत व हिफ़ाज़त के लिए हमेशा तैयार रहूँगा।", सुनकर हज़रत अब्दुल मुत्तालिब मुतमईन हुए और आपने रसूलुल्लाह को हज़रत अबु तालिब को सौंप दिया।

इस वाक्ये में तारीख़ी इख़्तिलाफ़ भी है और ये वाक्या भी मिलता है की आप हज़रत अब्दुल मुत्तालिब के सारे ही बेटे, हज़रत मुहम्मद सल्लललाहु अलैहे व आलिही व सल्लम की जिम्मेदारी लेने तैयार थे, तब हज़रत अब्दुल मुत्तालिब ने रसूलुल्लाह से कहा, "ऐ मुहम्मद! तुम खुद इनमें से किसी एक को चुन लो, जिसके साथ रहना चाहते हो।", तब रसूल ए खुदा अपने चचा, हज़रत अबु तालिब की तरफ़ दौड़ पड़े और मुहब्बत से अपने चचा की गोदी में चढ़कर सीने से लिपट गए। जब ये देखा तो हज़रत अब्दुल मुत्तालिब ने फरमाया, "ऐ मुहम्मद! तुमने अपने लिए सबसे बेहतरीन इंतिख़ाब किया है। अगर मुझसे कहा जाता की मैं खुद ही तय करके, बिना पूछे किसी एक को ये जिम्मेदारी सौंप दूँ तो मैं भी अबु तालिब को ही चुनता।"

हज़रत अबु तालिब को रसूलुल्लाह की जिम्मेदारी और बनी हाशिम कबीले की जिम्मेदारी सौंप दी गई। हज़रत अबु तालिब ने अपने भतीजे को अपने बेटे की तरह बल्कि अपने बेटों से बढ़कर मुहब्बत की है और बड़ी मुहब्बत से पाला है। आप हज़रत अबु तालिब को सैयद अल बतहा और शेख अल बतहा भी कहा जाता था। आप अपने इल्म, बहादुरी, शायरी के लिए मशहूर थे, साथ ही साथ आप एक बड़े ताजिर थे और आपके बोलने का अंदाज़ भी बहुत प्यारा था। आपको अरब में बड़ी इज़्ज़त के साथ याद किया किया जाता था और आपकी सख़ावत व रहमदिली के किस्से मशहूर थे।

हज़रत अबु तालिब अलैहिस्सलाम अपने बाबा की तरह ही शराब और बुतपरस्ती से दूर रहते थे। आप अलैहिस्सलाम ने कभी शराब को उस वक़्त भी हाथ नहीं लगाया की जब शराब पीना हराम नहीं किया गया था। आप अबु तालिब, तौहीदपरस्त थे और आप उन पाँच अल्लाह के बंदों में से एक हैं जिन्हें अल्लाह ने विलादत ए रसूल से पहले दुनिया में भेजा ताकि नबी करीम की आमद के पहले दुनिया में मकसद ए हक़ और हक़ीक़ी दीन के लिए तैयारियाँ कर सकें। आप हज़रत अबु तालिब अलैहिस्सलाम रसूलुल्लाह की नुसरत व हिफ़ाज़त करते रहे।

जैसा की आपको मालूम है की हज़रत अबु तालिब ताजिर भी थे और मक्का से सामान लेकर, दूसरे मुल्कों में तिजारत के लिए जाया करते थे जैसे शाम व जेबल-आम जो आज सीरिया और लेबनान के नाम से मशहूर हैं। आप हज़रत अबु तालिब, मुहम्मद रसूलुल्लाह सल्लललाहु अलैहे व आलिही व सल्लम को भी घुमाने के लिए सफ़र में अपने साथ ले जाया करते थे। हज़रत अब्दुल मुत्तालिब की हयात में भी आप अपने भतीजे को अपने साथ ले जाया करते थे। एक दफ़ा जब हज़रत अबु तालिब अपने भतीजे को लेकर सफर में थे तब आपकी मुलाक़ात एक आलिम से हुई जो पुराने दीन पर साबित कदमी से जमा हुआ था। उसका नाम बुहैरा/बहीरा था, रसूलुल्लाह सल्लललाहु अलैहे व आलिही व सल्लम उस वक़्त कम उम्र के थे लेकिन उस आलिम ने आपको पहचान लिया और हज़रत अबु तालिब को, पुरानी किताबों में दर्ज बहुत सारी रिवायतें सुनाईं और बताया की किस तरह आपका ये बेटा (भतीजा) दुनिया में अदल ओ इंसाफ करेगा, हक़ आम करेगा, बातिल का मुक़ाबला करेगा और रसूलुल्लाह की हैसियत से ये अल्लाह के पैग़ाम को आम करेगा। उसने रसूलुल्लाह की फ़ज़ीलत और बढ़ाई भी बयान कीं, साथ ही साथ हज़रत अबु तालिब से रसूलुल्लाह की हिफ़ाज़त और देखभाल करने के लिए भी कहा। उस आलिम ने बताया की रसूलुल्लाह को यहूदियों से ख़ास खतरा रहेगा और आपको चाहिए की इन्हें फ़ौरन मक्का ले जाएँ और वहाँ पर इनकी हिफ़ाज़त करते रहें। हज़रत अबु तालिब वापिस मक्का लौट आए और रसूल ए

खुदा की मदद व हिफ़ाज़त के लिए अपनी तमाम ज़िंदगी को वक़्फ़ कर दिए।

इसी तरह वक़्त बीतता गया और रसूल ए खुदा जवानी के आलम में पहुँच गए। तब तक आप अपनी सख़ावत, सदाकत और अमानतदारी के लिए मशहूर हो चुके थे और आप हुनरमंद काबिल ताजिर के तौर पर भी पहचाने जाने लगे थे। आपके बारे में बीबी खदीजा सलामुल्लाह अलैहा को मालूम हुआ, वो आपकी तारीफों को मुसलसल सुनती आ रही थीं और वो खुद अरब की एक बड़ी ताजिर और हुनरमंद व दानिशमंद खातून थीं। उन्होंने मुहम्मद रसूलुल्लाह सल्लललाहु अलैहे व आलिही व सल्लम से पूछा की क्या आप मेरे तिजारत के कारवाँ की इमामत करके, मेरे लिए तिजारत करेंगे?, रसूल ए खुदा ने अपने चचा से इजाज़त तलब की और इजाज़त मिल जाने के बाद बीबी खदीजा के साथ मिलकर तिजारत करना शुरू कर दिया।

कुछ ही महीनों में बीबी खदीजा को तिजारत से बेहिसाब फायदा मिलने लगा और वो मुहम्मद रसूलुल्लाह के तिजारत के तरीक़े, अमानतदारी, सच्चाई, ईमानदारी और अख़्लाक़ से मुतास्सिर हुईं और आपकी नज़र में मुहम्मद रसूलुल्लाह सल्लललाहु अलैहे व आलिही व सल्लम से ज्यादा बेहतर मर्द और हमसफ़र कोई नहीं था लिहाजा आपने अपने रिश्ते के एक भाई के ज़रिए हज़रत अबु तालिब तक निकाह का पैग़ाम भिजवाया और मुहम्मद रसूलुल्लाह से निकाह करने की तमन्ना ज़ाहिर की। आप हज़रत अबु तालिब ने मुहम्मद रसूलुल्लाह से इस बारे में बात की और रसूलुल्लाह सल्लललाहु अलैहे व आलिही व सल्लम की रज़ामंदी मिल जाने के बाद, निकाह तय कर दिया।

जब आप मुहम्मद सल्लललाहु अलैहे व आलिही व सल्लम का निकाह, उम्मुल मोमिनीन बीबी खदीजा के साथ पढ़ाया गया तब आपकी उम्र मुबारक 25 साल थी और आपने निकाह के 15 साल बाद ऐलान ए नबूवत किया। ये भी हज़रत अबु तालिब अलैहिस्सलाम की फ़ज़ीलत है की आपने खुद, अल्लाह के हबीब का निकाह पढ़ाया।

निकाह के कुछ सालों बाद, अरब में सूखा पड़ा और सबको बेहद नुकसान उठाना पड़ा, ऐसे में सरकार अबु तालिब भी माली नुकसान झेल रहे थे और आप पर जिम्मेदारियों का बोझ ज्यादा था, तब रसूलुल्लाह सल्लललाहु अलैहे व आलिही व सल्लम ने हज़रत अब्बास से मशवरा करके तय किया की सरकार अबु तालिब से बात करके उन्हें इस बात पर राज़ी करेंगे की वो अपने एक-एक बेटे की जिम्मेदारी हमें दे दें। बाद ए मशवरा, आप दोनों हज़रत अबु

तालिब अलैहिस्सलाम के पास गए और उन्हें मना लिया। मुहम्मद सल्लललाहु अलैहे व आलिही व सल्लम ने मौला अली अलैहिस्सलाम की जिम्मेदारी ली और हज़रत अब्बास ने हज़रत जाफ़र की जिम्मेदारी ली।

वैसे तो रसूलुल्लाह सल्लललाहु अलैहे व आलिही व सल्लम शुरू से ही हक़ीक़ी दीन की तब्लीग़ कर रहे थे, फिर आपने लोगों को निजी तौर पर समझाना भी शुरू कर दिया लेकिन 40 साल की उम्र में आपने, ऐलान ए नबूवत आम किया और खुलकर हक़ दीन की तब्लीग़ करना शुरू कर दिया। चूँकि अल्लाह रब उल इज़्ज़त ने अपने हबीब को हुक्म दिया था की तब्लीग़ अपने घर से शुरू करना इसलिए रसूलुल्लाह सल्लललाहु अलैहे व आलिही व सल्लम ने हज़रत अबु तालिब के घर में, जहाँ रसूलुल्लाह भी रहा करते थे, अपने करीबियों और रिश्तेदारों की दावत रखी। जब सब खाना खा चुके तो अबु लहब ने ऐसे हालात बना दिए की बात ना हो सकी, ऐसा दो दफा हुआ। जब तीसरे दिन भी अबु लहब खुराफ़ात करने वाला था तो हज़रत अबु तालिब ने उसे डाँटते हुए बैठने का हुक्म दिया और सख़्ती से कहा की ख़ामोश रहकर मुहम्मद की बात सुनो।

जब ऐलान ए नबूवत सुना तो बनी हाशिम ने तो रसूलुल्लाह का एक हद तक साथ दिया लेकिन कुरैश के बाकि कबीले रसूलुल्लाह के खिलाफ़ हो गए। ना वो तौहीद को मानने तैयार थे और ना नबूवत ए मुहम्मद रसूलुल्लाह सल्लललाहु अलैहे व आलिही व सल्लम को ही तस्लीम करने के लिए तैयार थे। उन्हें कहीं ना कहीं मुहम्मद रसूलुल्लाह का डर भी था की अगर इनका बताया दीन ग़ालिब हो गया तो बहुत कुछ बदल जाएगा। पहले तो उन्होंने मुहम्मद रसूलुल्लाह को ख़ामोश करना चाहा और जब इसमें नाकामयाब रहे तो हज़रत अबु तालिब अलैहिस्सलाम के ऊपर दबाव बनाने लगे, वो ये मुतालबा करते की या तो अपने भतीजे को ख़ामोश कर लो या हमारे हवाले कर दो। बहरहाल हज़रत अबु तालिब ने उनकी बातों और धमकियों को रद्द किया और रसूलुल्लाह सल्लललाहु अलैहे व आलिही व सल्लम की नुसरत और हिफ़ाज़त करना जारी रखा।

यूँ तो सैंकड़ों लोग रसूल ए खुदा के खिलाफ़ आ गए लेकिन अबु जहल, अबु लहब और अबु सूफियान, ये तीनों को मुहम्मद रसूलुल्लाह से और इस्लाम से ख़ास दिक्कत होने लगी और इन्होंने रसूलुल्लाह को नुकसान पहुँचाने व क़त्ल करने के कई मंसूबे बनाए लेकिन हज़रत अबु तालिब ने उन्हें कामयाब ना होने दिया। बेशक, इबादत के लायक है सिर्फ़ वो अल्लाह की जिसने अबु तालिब को मोहसिन ए इस्लाम और मुहाफिज़ ए रिसालत बनाकर भेजा।

जैसे-जैसे इस्लाम तेज़ी से बढ़ने लगा, दुश्मनाने रसूल की तादाद भी बढ़ने लगी। उन्होंने रसूलुल्लाह को रोकने की हर मुमकिन कोशिश की अलबता की दुनियावी चीज़ों, ख़ज़ानों की भी पेशकश की, जिनका रसूल ए खुदा ने सख़्ती से इंकार कर दिया। आखिर में कुरैश ने अपना आखिरी दाँव चला और बनी हाशिम के सरदार, हज़रत अबु तालिब अलैहिस्सलाम से हर तरह के तआल्लुक तर्क कर लिए और उन्हें मक्का से निकलने पर मजबूर कर दिया। कुरैश ने आपस में मशवरा करके एक मुहायदा तय किया और आप अबु तालिब से मेल-जोल, तिजारत और तआल्लुक तोड़ दिए।

ख़ैर हज़रत अबु तालिब इस बारे में पहले से इल्म रखते थे और इसके लिए तैयार थे, आपने मक्का से क़रीब 10 मील दूर पहाड़ियों और पहाड़ो के दरम्यान थोड़ी जगह ले ली थी जो शुअ'ब अबु तालिब के नाम से जानी जाती है। आपने पहाड़ों-पहाड़ियों से घिरी जगह भी इसलिए ही खरीदी थी ताकि दुश्मनाने रसूल से रसूलुल्लाह को बचा सकें। बड़े ही सख़्त हालात थे और हज़रत अबु तालिब अलैहिस्सलाम, बेहद कम में गुज़ारा करने लगे, ये भी रब की तरफ से एक आज़माईश थी। चूँकि कुरैश के सताने और तआल्लुक क़ता कर देने की वजह से तिजारत पर भी असर पड़ गया थाहज़रत अबु तालिब, वहीं पर खेतीबाड़ी करके खाने-पीने की थोड़ी बहुत पैदावार करते और इस तरह गुज़ारा करने लगे। इन हालातों में भी हज़रत अबु तालिब, नुसरत व हिफ़ाज़त ए रसूल के लिए खड़े रहे और आप रसूलुल्लाह की हिफ़ाज़त के लिए अपने बेटों की कुर्बानी देने के लिए भी हमेशा तैयार रहते थे।

आप हर वक़्त ही रसूलुल्लाह के लिए फिक्रमंद रहते थे अलबता की रातों में भी जागकर रसूलुल्लाह की हिफ़ाज़त करते और रात में कई दफ़ा, रसूलुल्लाह को एक खेमे से दूसरे खेमे में सुलवाते और बिस्तर ए रसूल पर अपने बेटों को ख़ासकर मौला अली अलैहिस्सलाम को सुलवाते ताकि अगर दुश्मनों के हमले होते भी हैं तो आपको महफ़ूज़ रख सकें। ये हालात तक़रीबन 3 साल तक रहे। बाद में जब कुरैश को महसूस हुआ की इनसे तआल्लुक तर्क करके हमने खुदको ही हर तरह से कमजोर कर लिया है और खुद ही अपनी इज़्ज़त को पामाल कर लिया है तो उन्होंने खुद ही अपने कदम पीछे हटा लिए।

सन् 620 AD के तक़रीबन आप इस फानी दुनिया से कूच करके अपने रब से जा मिले और वफ़ात पा लिए। वफ़ात के वक़्त आपकी उम्र 80 बरस से ज्यादा थी, आप ऐलान ए नबूवत के बाद 10 साल ही और दुनिया में रह सके। जब आप दुनिया से रुख्सत हुए तो अपने पीछे अपने प्यारे भतीजे को छोड़ गए। जब आपका विसाल हुआ तब आपकी बीवी फातिमा बिन्त

ए असद, चार बेटे - तालिब, अक़ील, जाफ़र और अली और तीन बेटियाँ मौजूद थीं, आपकी नमाज़ ए जनाज़ा, ख़ुद अल्लाह के हबीब मुहम्मद सल्लललाहु अलैहे व आलिही व सल्लम ने पढ़ाई। आप सरकार अबु तालिब के विसाल के तकरीबन एक महीने बाद ही बीबी खदीजा सलामुल्लाह अलैहा का विसाल भी हो गया। अपने चचा और बीवी को खो देने से रसूलुल्लाह सल्लललाहु अलैहे व आलिही व सल्लम बेहद ग़मगीन हुए और आपने इस साल को आम उल हुज़्न करार दिया यानी ग़म का साल और ये ग़म एक साल तक जारी रहा।

# हज़रत अबु तालिब के खिलाफ़ साज़िश

अल्लाह... अल्लाह.... ज़ुल्म की इंतिहा। वो शख़्स की जिसने, रसूलुल्लाह की नुसरत ओ हिफ़ाज़त के लिए अपनी सारी ज़िंदगी वक़्फ़ कर दी थी, उसे जीते जी, कुफ्फारे मक्का सताते रहे और बाद ए विसाल, मौलवी बदनाम करते रहे। अलबत्ता की आप अबु तालिब अलैहिस्सलाम को मौलवियों ने बेईमान और काफिर कहने में भी गुरेज़ ना किया। तआज्जुब की बात है की जिसका भातीजा हबीब ए खुदा है, इमामुल अम्बिया है और जिसका बेटा शेर ए खुदा है, वलीयुल्लाह है, जिसकी बहु जन्नती जवाँ औरतों की सरदार है और जिसके हसन ओ हुसैन से पोते और ज़ैनब ओ उम्मे कुलसुम सी पोतियाँ हैं, उस शख़्स को काफिर साबित किया जाता है।

अगर हम ईमानदारी के साथ किरदार ए अबु तालिब अलैहिस्सलाम को पढ़ने की कोशिश करें तो उन्हें रब का एक बड़ा बुलंद बंदा पाएँगे जिसने अपनी ज़िंदगी अपने रब से वफा निभाने में गुज़ार दी, खुदको इस्लाम के वक़्फ़ कर दिया और पूरी ईमानदारी से रिसालत की नुसरत व हिफ़ाज़त की। मुल्ला मौलवियों के तख़लीक़ी दीन में रसूलुल्लाह को सताने वाला, पत्थर मारने मरवाने वाला यज़ीद का दादा तो सहाबा है लेकिन रसूलुल्लाह पर एक आँच भी ना आने देने वाले सरकार अबु तालिब क़ाफिर। अल्लाह ही बेहतर जाने की आज कल के मौलवी की लिखी चार किताब पढ़कर, यज़ीदी मौलवी खुद किस ईमान पर हैं की उन्हें यज़ीद के घर वाले सहाबा और हुसैन अलैहिस्सलाम के घरवाले काफिर नज़र आते हैं।

पैग़म्बर ए इस्लाम की अगर सबसे ज्यादा किसी ने नुसरत व हिफ़ाज़त की है तो वो मौला अली अलैहिस्सलाम हैं की जिन्होंने जंग ए ओहद में भी रसूलुल्लाह सल्लललाहु अलैहे व आलिही व सल्लम को नहीं छोड़ा और बचाकर लाए जबकि सहाबा कहलाने वाले सैंकड़ों लोग जंग के मैदान में रसूलुल्लाह को तन्हा छोड़कर फरार हो चुके थे। अब अगर गौर से देखा जाए तो मौला अली अलैहिस्सलाम जब ब'ज़ाहिर दुनिया में तशरीफ नहीं लाए थे तब भी हज़रत अली अलैहिस्सलाम के बाबा सरकार अबु तालिब, रसूलुल्लाह की मदद व हिफ़ाज़त के लिए खड़े थे। आप रसूलुल्लाह की वो नाद ए अली हैं जो आमद ए अली अलैहिस्सलाम के पहले से मौजूद थी और आप हज़रत अबु तालिब के सारे बेटे और सारे पोते व नवासे एक से बढ़कर एक निकले, हाँ पंजतन का मकाम उनमें सबसे बुलंद है लेकिन आप अबु तालिब की नस्ल में सारे ही मुहाफिज़ ए रिसालत और मुहाफिज़ ए दीन ए इस्लाम रहे हैं।

क़ुर्बान जाऊँ हज़रत अबु तालिब अलैहिस्सलाम के परपोते हज़रत अली असग़र बिन हुसैन बिन अली अलैहिस्सलाम पर जिन्होंने दीन ए इस्लाम के लिए छह माह की उम्र में मुस्कुराकर शहादत को गले लगाया और दुनिया को बता दिया की हज़रत अबु तालिब कौन हैं?, क्या हैं?, और आप अबु तालिब की तालीम व तर्बियत क्या है।

मेरे अपनों! मौलवियों की अँधी तक़्लीद ना करके, इल्म हासिल करते रहें, सादात पीरों की खिदमत में बैठें, यज़ीदियत से दूर रहें, मरवानी दीन से खुदको बचाकर, हुसैनियत की तरफ आएँ। याद रखिए की दुनिया में इस्लाम भी दो तरह के हैं एक तो हक़ीक़ी दीन ए इस्लाम जो अल्लाह रब उल इज़्ज़त ने अपने बंदों को अता किया ताकि बंदे हक़ राह पर चलते हुए दुनिया व आखिरत में कामयाबी हासिल कर सकें और दूसरा है तख़्लीक़ी दीन ए इस्लाम जो मौलवियों ने अपने निजी फायदे, चंदाखोरी और यज़ीदियत फैलाने के लिए खुद गढ़ा है। अगर आप दो इस्लाम के बारे में ज़्यादा तफ़्सीर से पढ़ना चाहें की अल्लाह का दीन और मुल्ला के दीन में फ़र्क़ क्या है?, कैसे हम हक़ीक़ी दीन तक पहुँच सकते हैं?, कैसे तख़्लीक़ी दीन से बच सकते हैं?, तो मैंने पहले ही दो इस्लाम नाम से किताब लिखी है जो हिंदी ज़ुबान में भी मिल जाएगी और Hindi-English transcription में भी मिल जाएगी। आप Notion Press, Flipkart या Amazon पर Do Islam, दो इस्लाम सर्च करके किताब ले सकते हैं।

बहरहाल, मैं अपनी बात यहीं मुकम्मल करता हूँ। अब आप हज़रत अबु तालिब अलैहिस्सलाम के कलाम व अश्शार को खुद ही पढ़कर देखें, आपका दिल भी खुद ब खुद गवाही दे देगा की ईमान क्या होता है और हज़रत अबु तालिब का ईमान क्या था। सलाम हो मुहम्मद रसूलुल्लाह सल्लललाहु अलैहे व आलिही व सल्लम पर और आपकी औलाद व अज्दाद पर। अल्लाहुम्मा सल्ले अला मुहम्मद व अला आले मुहम्मद।

# 1

# अल्लाह की शान में

مليك الناس ليس له شيريك

هو الوهاب والمبدى المعيد

ومن تحت الشماء بحق

ومن فوق الشماء له عبيد

Malikun naasi laisa lahu shareekun
   Hu'wal wah'haabu wal mubdil muyidu
   Wa'man tah'tas samaayi bi'haq'qi
   Wa'man fauqas samaayi lahu abidu

अल्लाह, हर एक मख़्लूक़ का मालिक है। वो हर शय पर क़ादिर है और उसका कोई शरीक नहीं। अल्लाह ही है जो हर एक पर अपनी रहमतें बरसाता है, अल्लाह ही है जिसने तमाम जहानों को ख़ल्क़ किया और बनाया। वो ही है जिसने इंसान को जिंदा किया जबकि वो मरा हुआ था। हर एक ज़िंदगी जो जन्नत से दुनिया के दरम्यान है और जन्नत से ऊपर हैं या इनके अलावा जो भी ख़ल्क़ किया है उस ही एक रब ने ख़ल्क़ किया है।

# 2

# रसूलुल्लाह की शान में

لقد أكرم الله النبي محمدا

فأكرم خلق الله في الناس أحمد

وشق له من إسمه ليجله

فذو العرش محمود وهذا محمد

Laqad akramal laahun nabiyyi mohammadan

Fa akramu khalqil laahi fin naasi aahmadu

Wa shaq'qa lahu min ismihee li yujillahu

Fa zul arshi mahmoodau wa haaza Muhammadu


बेशक! अल्लाह रब उल इज़्ज़त ने, मुहम्मद सल्लललाहु अलैहे व आलिही व सल्लम को तमाम मख़्लूक़ात में बड़ा आला और बुलंद मकाम अता किया है। उसने तो अपना ख़ुद का नाम भी (अल्लाह का एक नाम महमूद है) पैग़म्बर के नाम से जोड़ दिया, मुहम्मद, महमूद।


सल्लललाहु अलैहे व आलिही व सल्लम

# 3

# मौला मुहम्मद की शान में

أنت النبي محمد

قرم أغر مسود

لمسو دين أكارم

طبوا وطاب المولد

يعم الأرومة أضلها

عمرو الخضمالأوحد

هشم الربيكة في الجفا

ن وعيش مكة انكد

فجرت بزا لك سنة

فيها الخبيزة تثرد

ولنا سقاية للحجي

ج بها يماث الغنجد

والما زمان وماحوت

عرفا تها والمسجد

آنى تضام ولم أمت

وانا الشجاع العر بد

وبطاح مكة لا يرى

فيها نجيع أسود

وبنو أبيك كا نهم

أسد العرين تو قد

ولقد عهد تات صادقاً

في القول لاتتز يد

مازلت تنطق بالصوا

ب وأنت طفل أمرد

Anta an nabiyyu muhammadu
    Qarmun a'gharru musav'vadu
    Li musav'va deena aa kaarimu
    Tabu wa taabal mauladu


Nimal aa rumata as luhaa
    Amrul khi zimmul au hadu
    Ha'shamar rabikata fil jifaa
    Ni wa aishu makkata an kadu


Fajarat bi zaalika sunnatan
    Fihal khabi'zatu tus radu
    Wa lanaa siqaa yatu lil haji
    Ji bihaa yu maasul ghun jadu


Wal maa zamaani wa maa ha'wat
    Arafaa tu'haa wal masjidu
    An'naa tu'zaamu wa lam aa'mut
    Wa aa'nash shujaa ul irbidu


Wabi taahu makata laa yura
    Fihaa nuji'oo as'wadu
    Wa banu abika ka anna'hum
    Us dul araini ta waq'qadu


Wa laqad ahat'tuka saadiqan
    Fil qauli la tata zai'yadu
    Maa laztu tan tiqu bas'sawa
    Bi wa anta taflun am'radu

ऐ मुहम्मद! आप वो आला शख़्स हैं, जिन्हें अल्लाह ने तमाम अम्बियाओं का सरदार बनाने चुना है और हर दौर की उम्मत पर आपकी हुकूमत है। आप उन आला शख़्सियत में से एक हैं जो ज़ाहिर ओ बातिन हर लिहाज़ से पाक हैं। आप खानदान ए बनी हाशिम के उस घराने से हैं, जो घराना खुद में आला रहा है और अपने कबीले में अपनी सखावत के लिए जाना जाता है।

जब मक्का के लोग सूखा पड़ने की वजह से परेशान थे और भूख-प्यास से तड़प रहे थे, तब इन्होंने ही (यानी रसूलुल्लाह सल्लललाहु अलैहै व आलिही व सल्लम के घराने ने) लोगों को पानी और खाना दिया था और ये ही वो वक़्त था की जिसके बाद से औरों को, ज़रूरतमंदों को खाना खिलाना और पानी पिलाना आपके घराने का अमल व रिवाज बन गया। अल्लाह के घर की जियारत करने आने वाले बंदों के लिए, पानी का इंतज़ाम करना और अल्लाह के बंदों को हज के सफर में अंगूर फल और पानी पिलाना भी आपके घराने का रिवाज था। अराफ़ात के मैदान से लेकर, अल्लाह की पाक मस्जिद तक, अल्लाह के घर तक सफर करने वाले अल्लाह के बंदे, आपके ज़रिए ही पानी पिया करते थे।

मैं अल्लाह का वो बहादुर सिपाही हूँ की जब तक मैं जिंदा हूँ, कोई आपको ना ही नुकसान पहुँचा सकता है और ना ही दबा सकता है।, ऐ अल्लाह के आला पैग़म्बर! आपके घराने के सारे ही लोग अपनी बहादुरी के लिए जाने जाते हैं जो हक़ की दिफ़ा के लिए हक़ के दुश्मनों का मुक़ाबला करते हैं।, ऐ अल्लाह के पैग़म्बर! मैंने हमेशा ही आपको सच्चा पाया है और आपने एक भी लफ़्ज़ बढ़ा-चढ़ाकर या गलत नहीं बोला। अलबत्ता की जब आप उम्र में छोटे थे तब भी आप सिर्फ़ सच ही बोलते थे।

# 4

# बनी हाशिम की शान में

اذا قيل: من خير هذا الورى

قبيلا وأكر مهم أسترة

آناف بعبد مناف آب

وفضله هاشم العزة

لقد حل مجد بني هاشم

مكان النعائم والنثرة

وخير بني هاشم أحمد

رسول الا له على فترة

Izaa qila man khairu haazal waraa
 Qabilau wa akra mahum usra'tan
 Anaafu bi abdi munaafin ab'bin
 Wa faz'zalahu haashimul izzata


Laqad hal'la majdu bani haashimin
 Ma kaa'nan na'aayimi wan nas'rata
 Wa khairu bani haashimin ahmadu
 Rasoolil ilaahi alaa fatratin


अगर पूछा जाए की क़बीला ए बनी हाशिम में सबसे बेहतरीन शख़्स कौन था, तो मेरा जवाब हमेशा एक ही रहेगा। अगर मैं बुज़ुर्गों के वक़ार की बात करूँ तो वो अब्द ए मुनफ़ हैं, फिर हाशिम, जिनका वक़ार, मर्तबा और इज़्ज़त, हर बनी हाशिम जानता है।

वो वक़ार और शराफ़त में बहुत बुलंद हैं, जैसे आसमान में तारे बुलंद होते हैं। बनी हाशिम में सबसे बावक़ार, बुलंद और आला अहमद मुजतबा (मुहम्मद मुस्तफ़ा) हैं, जो हमारे पास अल्लाह के रसूल बनकर, फतारत के दौर के बाद आए।

# 5

# रसूलुल्लाह से हिफ़ाज़त का अहद

و الله لن يصلوا اليك بجمعهم

حتى أوسد في التراب دفينا

فاصدع بأمرك ما عليك غضاضة

و بشر بذاك و قر منك عيو نا

و دعوتنى و زعمت انك نا صحى

ولقد صدقت و كنت ثمّ آمينا

وعرضت دينا قد علمت بأنه

من خير أديان البرية دينا

Wal laahi lai yaasilu ilaika bi jam'yihim

    Hat'taa uwas'sadu fit turaabi da'fina

      Fas da'aa bi amrika maa alaika gha'zaa zah

      Wa bashara bi zaaka wa qar'ra min ka ou'yunaa

Wa da'autani waza amta an naka naasi'hi

    Wa laqad sadaq'ta wa kunta summa aminaa

      Wa araz'ta deenan qad alim'tu bi annah

      Min khairi ad'yaanil bariy'yata deena

अल्लाह की कसम! कुरैश के वो लोग जो हक़ पर ईमान नहीं रखते, वो आपको उस वक़्त तक कोई नुकसान नहीं पहुँचा सकते जिस वक़्त तक मैं ज़मीन के अंदर दफ़न नहीं कर दिया जाता।

• 9 •

ऐ अल्लाह के रसूल! आप तब्लीग़ कीजिए और बेख़ौफ़ होकर, वो बात लोगों तक पहुँचाइए जो आप पर वही की जाती हैं या नाज़िल होती हैं। मेरे जीते जी कोई आपको नुकसान पहुँचाने की हिम्मत नहीं कर सकता। अल्लाह आपको खुश रखे और आपकी आँखों को ठंडक दे। आपने मुझे दावत दी है और मैं जानता हूँ आप मुख़्लिस, सच्चे और तमाम लोगों के मौला हैं। आपने लोगों को वो सच्चा दीन दिया है जो माज़ी के तमाम मज़हबों या पुराने सभी मज़हबों से बेहतरीन है।

# 6

## बनी का'ब को नसीहत

الا ابلغا عنى على ذات بيننا

لو يا وخصا من لؤي بني كعب

الم تعلمو انا وجد نا محمداً

نبيا كموسى خط في أول الكتب

وان عليه في العباد محبة

ولا خير ممن خصه الله بالحب

وان الذي الصقتمو امن كتابكم

لكم كائن نخسا كراغية السقب

أفيقوا أفيقوا قبل أن يحفر الثرى

ويصبح من لم يجن ذنبا كذى لذنب

ولا تتبعوا أمر الوشاة وتقطعوا

أواصرنا بعد المودة والقرب

وتستجلبوا حربا عوانا وربما

أمر على ذاقه جلب الحرب

فلسنا ورب البيت نسلم أحمدا

لعزاء من عض الزمان ولا كرب

ولما تبن منا ومنكم سوالف

وأيد أترت بالقسا سية الشهب

بمعترك ضنك ترى كسر القنا

به والنسور الطغم يعكفن كالشرب

كان صهال الخيل في حجراته

ومعمعة الأبطال معركة الحرب

اليس ابونا هاشم شد آزره

و أو صى بنيه بالطعان وبالضرب

ولسنا نمل الحزب حتى تملنا

وتشتكي ماقد يتوب من النكب

ولكننا أهل الحفائظ والنهى

إذا طار أروح الكماة من الرعب

Alaa ablighaa anni alaa zaati bay'nina

Lu wai'yan wa khus'saa min lu wai'yin bani ka'abi

Alam ta'alamu an'naa wajad'naa muhammadan

Nabiy'yan ka'musaa khut'ta fi aw'walil kutubi


Wa an'naa alaihi fil ibaadi mahabbatan

Walaa khaira mim'man khas'sahul laahu bil hubbi

Wa an'nal lazi al saq'tumu min kitaabi kum

La kum kaayi'nun nakh'san karaa ghiy'yatis saqbi


Afiqu afiqu qab'la ayi yuh'faras saraa

Wa yus'biha mal lam yaj'ni zan'ban kazi az'zanbi

Wa laa tat'bauu amral ushaa'ti wa taq'tau

Au asrinaa ba'aad al mawad'dati wal qurba


Wa tas taj'libu har'ban a'waanaa wa rub'bamaa

Amar'ra alaa zaaqa'hu jala bul harbi

Fa las'naa wa rabb'al baiti nus'limu ahmadan

Li az'zaayi min iz'ziz zamaani walaa karbi


Wa lam'maa ta'bim min'naa wa min kum sawaa lifa

Wa ay'din atir'rat bil qasaa siy'yatish shuh'bi

Bi mutara'kin zan'kin tara kis'ru lu'qanaa

Bi hi wan'nusu rut'taghmi yakif'na kash shar'bi


Ka an'na suhaa lal khai'li fi hajaraa'tihii

Wa'ma ma'atal ab'taali ma'ari katul harbi

Aa laisa abu'naa haashi'mu shad'da azra'ha

Wa au'saa bani'hi bit'ta aani wa biz zarbi

Wa las'naa na mal'la ul har'ba hat'taa ta mal'lanaa
  Wa tash'taki maa qad ya tubu minan nak'bi
  Wa laa kin'na naa ah'lul ha faayi'zi wan'nuhaa
  Izaa taa'ra ar'wahul kumaa'ti minar ra'abi


ऐ लुई बिन ग़ालिब की औलादों और इनके तमाम नस्ल और इनके लोग!, ख़ासकर कबीला बनी का'ब, मुझे इस मामले को वाजेह तौर पर साफ बयान करने दो। क्या तुम नहीं जानते की मुहम्मद सल्लललाहु अलैहै व आलिही व सल्लम, अल्लाह के रसूल हैं, ठीक उसी तरह, जिस तरह मूसा अलैहिस्सलाम, अल्लाह के रसूल थे।


ये मामला पुरानी आसमानी किताबों में भी खुलकर बयान हुआ है, जो पहले के नबियों पर नाज़िल हुई थीं। उस शख़्स से ज्यादा आला भला कौन हो सकता है की जो, अल्लाह रब उल इज़्ज़त का हबीब हो?, तुम लोगों को चाहिए की इस हक़ीक़त को वाजेह तौर पर याद रखो और समझ लो की मुहम्मद मुस्तफ़ा सल्लललाहु अलैहै व आलिही व सल्लम की मवद्दत हमारे दिलों की गहराईयों में बसी है।


तुम लोगों को ये भी याद रखना चाहिए की अल्लाह के रसूल और बनी हाशिम को तर्क करने और उनसे बगावत करने के लिए जो मुहायदा तुमने क़ुरैश के कुछ लोगों से हलफ लेकर किया और खाना ए काबा के अंदर लटका दिया वो तुम्हारे लिए वैसी ही बर्बादी बनेगा जैसी हज़रत सालेह की उम्मत पर ऊँटनी को ज़िबह कर देने का अमल, उस कौम की बर्बादी का बाइस बना था, जिसने उन लोगों को और उनकी तमाम कौम को हलाक कर दिया था। (ऐ क़ुरैश के सरदारों) जागो! इसके पहले की तुम्हारी कब्रें खोद दी जाएँ (और तुम्हारी इज़्ज़त ओ एहतराम, मिट्टी में मिल जाए), और जब गुनाहगारों और बेगुनाहों दोनों को एक सी तबाही का सामना करना पड़ेगा।


पीठ पीछे बुराईयाँ करने वालों की बात ना सुनो और उनके बहकावे में आकर हमें तर्क व नज़रअंदाज़ ना करो और हमारे-तुम्हारे बीच जो मुहब्बत और रिश्तों की डोर बँधी है, उसे ना काटो। खुलकर नाराज़गी ज़ाहिर करने की और हमारे खिलाफ जंग करने की शुरूआत ना करो। जंग की शुरूआत करने वाले और जंग में हिस्सा लेने वालों के लिए जंग का ज़ायका हमेशा ही कड़वा होता है।

मैं, उस अल्लाह की कसम खाता हूँ जो खाना ए काबा का मुहाफ़िज़ है, हम रसूल ए खुदा, मुहम्मद मुस्तफ़ा सल्लललाहु अलैहै व आलिही व सल्लम को किसी भी हाल में नहीं छोड़ेंगे चाहे हमें कितनी भी तकलीफ़ों, परेशानियों और सितम का सामना ही क्यों ना करना पड़े। याद रखना, जब भी जंग में तलवारें उठाई जाती हैं और गर्दनें खुली हुई होती हैं तो दोनों ही तरफ बेहद जान ओ माल का नुकसान होता है।

जंग की तपिश में कबीलों के सरदार भी घाव और मौत का शिकार बनकर मैदान में गिर जाएँगे। ऐसी जंगों में, घोड़े भी तेज़ आवाज़ में कराहेंगे और बहादुर लड़ाकों के सैंकड़ों सर कट कटकर, मैदान में गिर जाएँगे।

क्या तुम भूल गए की हमारे परदादा, हज़रत हाशिम ने अपने घराने को ताकतवर बनाने मेहनतें की हैं, आपने अपने घराने को तलवारबाज़ी, जंग करना और जंग में खुदका बचाव करने के पैंतरे सिखाए हैं। याद रखना! जंग हमसे थक सकती हैं लेकिन हम जंग ओ जिहाद से नहीं थकते। जंग के मैदान में चाहे लाख तकलीफ़ें और मुश्किलें पेश आएँ लेकिन हम अपनी जुबानों से एक भी लफ़्ज़ शिकवा-शिकायत का नहीं निकालते।

(जंग के मुश्किल हालातों में) जब बड़े-बड़े लड़ाके और सिपाही भी जंग की मुश्किल और चारों तरफ फैली तबाही देखकर हिम्मतें हार जाते हैं, उस मकाम पर उन लम्हों में भी हम अपना वक़ार और दिलेरी नहीं खोते। हम हिकमत वाले लोग हैं और जंग में भी आखिर तक साबित कदम रहते हैं और अपने रब से लगी अपनी उम्मीद नहीं खोते।

# 7

# रसूलुल्लाह की शान में

انت الرسول رسول الله تعلمه

عليك نزل من ذي العزة الكتب

An'tar Rasoolu Rasoolul'laahi na'lamuhu
Alaika nazala min zil iz'zatil kutubu

हम जानते हैं की आप (सल्लललाहु अलैहे व आलिही व सल्लम), अल्लाह के रसूल हैं और अल्लाह ने आप पर वही नाज़िल करके इज़्ज़तें बख़्शी हैं और अल्लाह ने आप पर अपनी पाक और मुक़द्दस किताब, क़ुरआन नाज़िल की है।

# 8

# रसूलुल्लाह की हिफ़ाज़त का अहद

हज़रत अबु तालिब अलैहिस्सलाम ने जब देखा की कुरैश के कुछ लोगों ने हज़रत मुहम्मद सल्ललल्लाहु अलैहे व आलिही व सल्लम के खिलाफ़ बगावत शुरू कर दी है और आप सल्ललल्लाहु अलैहे व आलिही व सल्लम के खिलाफ़ साज़िश रचने में लगे हैं तो आप अबु तालिब अलैहिस्सलाम ने नौजवान नस्लों को मुहम्मद सल्ललल्लाहु अलैहे व आलिही व सल्लम की फ़ज़ीलतें बताने और हक़ पर जमा करने का काम शुरू किया। आप हज़रत अबु तालिब अलैहिस्सलाम ने अपने भतीजे यानी मुहम्मद मुस्तफ़ा सल्ललल्लाहु अलैहे व आलिही व सल्लम का हौसला बढ़ाने और हिफ़ाज़त का अहद करते हुए फरमाया :

لا يمنعنك من حقي تقوم به

آيد تصول ولا سلق بأصوات

فان كفك كفى إن منيت بهم

ودون نفسك نفسي في الملمات

Laa yam'na an'naka min haq'qin ta'qumu bi'hi

Ay'din ta'sulu wa laa sala'qin bi as'waata

Fa in'na kaf'faka kafiy'ya in muni'ta bi him

Wa duna naf'saka nafsi fil mulim'maati

दुनिया की किसी भी ताकत को, आपको हक़ आम करने से और अल्लाह के पैग़ाम को अरब व दुनिया के लोगों तक पहुँचाने से मत रोकने दो, मैं किसी को भी ना आपको नुकसान पहुँचाने

दूँगा और ना ही किसी को आपको रोकने दूँगा। आपके रास्ते में जो भी रुकावटें और मुश्किलें आएँ, मेरा हाथ हमेशा आपके हाथ में हिफ़ाज़त के लिए रहेगा (यानी मैं हमेशा आपका साथ दूँगा और हिफ़ाज़त करूँगा), मैं अहद करता हूँ की अपनी तमाम ज़िंदगी आपकी हिफ़ाज़त में लगाऊँगा और अल्लाह के उन पैग़ामों की हिफ़ाज़त करूँगा जो आप पर वही बनकर नाज़िल होते हैं और आप जिन पैग़ामों को लोगों तक पहुँचाते हैं।

# 9

# नबी के लिए फिक्रमंद होना

الا ابلغ قريشا حيث حلت

وكل سرا ءر منها غرور

فاني والضوا بح غاديات

وما تتلو السفاسرة الشهور

لال محمد راع حفيظ

وداد الصدر منى والضبير

فلست بقا طع رحمى وولدى

ولو جرت مظالمها الجرور

آيا من جمعهم أفنا فهر

لقتل محمد وا لأمر زور

فلا وابيك لا ظفرت قريش

ولا لقيت رشادا إذ تشير

بيني أخي ونوط قلبي مينى

وابيض ماوة غلق كثير

ويشرب بعدة الولدان رياً

واحمد قد تضمته القبور ؟

ايا ابن الأنف آنف بنى قصي

كان جبينك القمر المنير

Alaa ab'ligh quraishan haisu hal'lat

 Wa kul'lu saraa'yir min'haa ghurooru

 Fa in'ni waz'zawaa bi'hu ghaa'di yaa'tin

 Wa'maa tat'lus safaa sira'tush shu'huru

Li aa'li muhammadin raa'yin hafizan
    Wa daa'dus sad'ri min'ni waz'zabiru
    Fa las'tu bi'qaati yin rahmi wa ul'di
    Wa lau jar'rat ma'zaali mahal jaru'ru


Ayaa man jam'oo hum af'naau fih'rin
    Li qat'li muhammadin wal amru zuru
    Fa laa wa abika laa zafa'rat quraishun
    Wa laa laqi'yat ra'shaadan izz tushi'ru


Bani akhi wa nu'tu qalbi min'ni
    Wa ab'yazu ma'oohu ghala'qan kaseeru
    Wa yash'rabu badu'hul wil'daanu riya'an
    Wahma'dun qad tazam'matul quburu


Aa yab'nul an'fa an'fa bani qusay'yi
    Ka an'na jabi'nakal qama'rul muniru


कुरैश अपने दिलों में जहाँ भी और जो भी छिपाते हैं, सभी को बता दिया जाए की ये एक धोखा है। मैं तेज़ रफ़्तार से सरगोशी करने वाले घोड़े की तरह हूँ, जबकि घोड़ों की फिक्र करने वाले बहुत पीछे रह गए हैं। (यानी मैं दीन व रसूल के लिए अपना सब लुटाकर भी चल रहा हूँ और दुनिया की फिक़्र करने वाले पीछे छूट गए हैं।)


मैं अपने दिल में मौजूद मवद्दत और अपनी रूह की पाकीज़गी से, मुहम्मद मुस्तफ़ा सल्लललाहु अलैहे व आलिही व सल्लम की और उनके घरवालों की हिफ़ाज़त और नुसरत करता रहूँगा। मेरा बेटा (भतीजा), मेरे जिस्म का हिस्सा है, जिसे मैं कभी अकेला नहीं छोड़ूँगा। अल्लाह के रसूल को नुकसान व तकलीफ़ पहुँचाने वालों को मैं नहीं छोड़ूँगा, चाहे इसके लिए मुझे जंग के मैदान में ही क्यों ना उतरना पड़े।

कुरैश के वो लोग, जो मुहम्मद रसूलुल्लाह सल्लललाहु अलैहे व आलिही व सल्लम का क़त्ल करना चाहते हैं, उन्हें जान लेना चाहिए की वो ऐसा कभी नहीं कर सकेंगे और ऐसा करना पूरी तरह से गलत भी है। मैं कसम खाकर कहता हूँ की वो लोग ऐसा नहीं कर सकेंगे और अपने बद नियत व बद मक़सद में कामयाब भी ना हो सकेंगे और ये लोग तो गुमराह हैं।

मेरा भतीजा, मेरे जिस्म का हिस्सा है और किसी में इतनी कुव्वत नहीं की उसे ज़रा भी नुकसान पहुँचा सके। ये हो ही नहीं सकता की मेरे भतीजे को क़त्ल कर दिया जाए जबकि मेरे बेटे जिंदा हों। मेरे बेटे (भतीजे) को बचाने और उसकी हिफ़ाज़त करने के लिए, मेरे तमाम बेटे अपनी जानों की कुर्बानी तक दे देंगे।

ऐ अल्लाह के रसूल! मुहम्मद मुस्तफा! आपकी पहचान और मर्तबा, तमाम कुरैश के लोगों तक महदूद नहीं बल्कि आपको तो तमाम दुनिया में पहचाना जाता है और आपकी मारिफ़त रखने वाले, आपके दुनिया में तशरीफ़ लाने पर खुश होते हैं और फ़ख्र करते हैं। आपकी पेशानी, चौदहवीं के चाँद/ चमकदार चाँद की तरह रौशन है और चमक रही है।

# 10

# अल्लाह के रसूल की हिफ़ाज़त

منعنا الرسول المليك

ببيض تلا لأ لمع البروق

بضرب يذبب دون النهاب

حذار الوثائر و الخنفقيق

اذب و احمى رسول المليك

حماية حان عليه شفيق

وما إن أدب لأعد ايه

دبيب البكار حذار الفنيق

ولكن أزير لهم ساميا

كما زار ليث بغيل مضيق

Mana'nar rasoolal maliki
    Bi bi'zi ta'la la'oo lam'al buru'qi
    Ba zarbiy yu zab'bi bu du'nan ni'haabi
    Hi'zaaral wasaa'yiri wa khan'ni faqi'qi


Aa zub'bu wa ah'mi rasoolal malikimaliki
    Himaa'yata haa'nin alai'hi shafeeqi
    Wa'maa in aa dub'bu li adaa'yihiadaa'yihi
    Dabi'bal bikaa'ri hi'zaaral fani'qi

Walaa'kin azi'ru la'hum saami'yan
  Kamaa zara lai'su ba'ghilam mazi'qi

• 21 •

हमने अल्लाह के रसूल की दुश्मनों से हिफ़ाज़त की है, वो रसूल जो अल्लाह के पैग़ाम को लोगों तक लेकर आए, हम उनके दुश्मनों पर अपनी तलवार से वार करते थे और वो वार ऐसा होता है जैसे बिजली गिरती है। हमारा हमला इतना भयंकर था की हमने दुश्मनों की फौजों, जानवरों और लोगों को पीछे खदेड़ दिया और इनके सरपरस्तों को क़त्ल कर दिया।

हमने अपनी तलवारों के ज़रिए रसूलुल्लाह सल्लललाहु अलैहे व आलिही व सल्लम की हिफ़ाज़त की, वो रसूलुल्लाह जो उम्मत के लिए एक शफीक़ बाप से भी ज्यादा बुलंद दर्जा रखते हैं और जो तमाम जहानों और मख़्लूकों के लिए रहमत हैं। हम इनके दुश्मनों की तरफ इस तरह नहीं बढ़े की जिस तरह एक ऊँटनी, ऊँट की तरफ बढ़ती है बल्कि हम इनके दुश्मनों की तरफ इस तरह बढ़े, जिस तरह गुस्से में गरजता हुआ एक शेर अपने शिकार की तरफ दौड़ता है और उस शिकार के बचने और भागने के तमाम रास्ते बंद कर देता है।

*(अरबी ज़ुबान में जब अश्शार लिखे जाते थे तो अरबी शायरी की एक शैली ऐसी भी थी जिसमें Future को Past की तरह लिखा जाता था। मसलन के तौर पर आने वाले वक्त में किसी घटना के घटित होने के आसार अगर ज्यादा होते थे तो लिखने वाले शायरी में उस आगे घटित होने वाली घटना को इस तरह भी लिखते थे जैसे माज़ी में ये हो चुका हो यानी Future में जो 'हो सकता है', उसे Past में 'हो चुकने' की तरह लिखते थे।)*

# 11

# कीमत ए जान ए रसूल

محمد تفد نفسك كل نفس

إذا ما خفت من شيء تبالا

Muhammadu tuf'di naf'saka kul'lu naf'sin
Izaa maa khif'ta min shai'yin ta'baala

ऐ मुहम्मद! मेरी आँखों के नूर, आपकी जान इतनी कीमती है की अगर कभी आप पर कोई खतरा आए या मुसीबत ओ आफत आए तो हर जानदार को और हर इंसान को आप के लिए और आपके मक़सद के लिए जान कुर्बान करने के लिए तैयार रहना चाहिए।

# 12

# फतह ए मक्का की पेशन-गोई

وعربة دار لا يحل حر امها

من الناس إلا اللوذعي الحلاحل

Wa ar'batu daa'rin laa yahil'lu harama'haa

Minan naasi il'lal lau zi'yil halaa hilu

अल्लाह के घर की हुर्मत ऐसी है की वहाँ कोई खून नहीं बहा सकता, ये शर्त है और ये शर्त हमेशा बाकि रहेगी सिवाय उस दिन के की जब ये आसमानों, जन्नत और ज़मीन के सबसे बहादुर और आला रहनुमा यानी मुहम्मद मुस्तफ़ा सल्ललल्लाहु अलैहे व आलिही व सल्लम के लिए जायज हो जाएगी। (यानी रसूलुल्लाह सल्ललल्लाहु अलैहे व आलिही व सल्लम जब फतह ए मक्का करेंगे उस दिन उनके लिए जायज रहेगा की अगर उनका दुश्मन छिपने के लिए अल्लाह के घर में भी घुसना चाहे तो उससे जंग की जा सके।)

# 13

## हज़्र ए अस्वद

जब हज़रत मुहम्मद मुस्तफ़ा सल्लललाहु अलैहे व आलिही व सल्लम के ऐलान ए नबूवत के पहले के दौर में खाना ए काबा की मरम्मत की गई तो इस बात को लेकर बहस छिड़ गई की खाना ए काबा में हज़्र ए अस्वद कौन लगाएगा या रखेगा। तब तय ये हुआ की जो भी यहाँ पहले आएगा, उसे ही हज़्र ए अस्वद लगाने का शर्फ़ मिलेगा। तभी वहाँ मुहम्मद मुस्तफ़ा सल्लललाहु अलैहे व आलिही व सल्लम दाखिल हो गए और आपको देखकर सभी बेहद खुश हुए सिवाय उनके की जो आप सल्लललाहु अलैहे व आलिही व सल्लम से हसद व बुग़्ज़ रखते थे। उनमें से एक शख़्स ने ऐतराज़ लेते हुए कहा, "हम ये मौका किसी यतीम को कैसे दे सकते हैं जबकि हमारे पास हमारे बुज़ुर्ग़ मौजूद हैं। तब हज़रत अबु तालिब अलैहिस्सलाम ने ये अश्शार कहे -

إن لنا أوله و اخرة

في الحكم والعدل الذي لا ننكره

وقد جهد نا جهد نا لنعمره

وقد عمر نا خيره وأكثره

فإن يكن حقا ففينا أوفره

In'na la'naa aw'walahu wa aa'khira hun

Fil huk'mi wal ad'lil lazi laa nun'kir hun

Wa qad jahad'naa juh'da naa lina'muru hun

Wa qad amar'naa khaira'hu wa ak'sara hun

Fa iy'yakun haq'qan fa'finaa aw'faru hun

खाना ए काबा की तामीर की इब्तिदा और इंतिहा, हमारे शज़रा ए नसब से है। इंसाफ और सच तो तब होगा जब हम अपनी ही तय की बात से ना पलटें। हमने ही खुदा के घर के बारे में लोगों तक हक़ पहुँचाया है और हमने ही इसे अच्छाई, भलाई और खुशहाली का मकाम बनाने के लिए सबकुछ किया है।

नहीं, अगर खाना ए काबा में हज्र ए अस्वद लगाने का शर्फ़ किसी को हासिल है तो वो हमें हासिल है और ये हमारा हक़ है। (इस तरह हज़रत अबु तालिब अलैहिस्सलाम ने मुहम्मद रसूलुल्लाह सल्लललाहु अलैहे व आलिही व सल्लम की दिफा की और उनके हक़ में वकालत की)

# 14

# रसूलुल्लाह की ज़िम्मेदारी

इस अश्शार को समझने के लिए ज़रूरी है की पहले, तारीख़ के एक वाक्ये को समझा जाए। एक दफ़ा हज़रत मुहम्मद मुस्तफ़ा सल्लललाहु अलैहै व आलिही व सल्लम अपने बचपने में, अपने चचा हज़रत अबु तालिब अलैहिस्सलाम के साथ एक सफर पर जा रहे थे, तब रास्ते में उन्हें बुहैरा/ बहीरा नाम का एक पादरी मिला, जो पुराने दीन पर जमा था और आलिम था। रसूलुल्लाह सल्लललाहु अलैहै व आलिही व सल्लम को देखते ही उसने आप रसूलुल्लाह की बुलंदी व मकाम का जिक्र किया और नबूवत की निशानियों पर चर्चा की और हज़रत अबु तालिब अलैहिस्सलाम से आप मुहम्मद सल्लललाहु अलैहै व आलिही व सल्लम के नबी होने की भी बात कही। तबसे ही हज़रत अबु तालिब अलैहिस्सलाम ने अपने भतीजे की हिफ़ाज़त व नुसरत करने की ठान ली।


जब हज़रत अब्दुल मुत्तालिब ने, हज़रत मुहम्मद मुस्तफ़ा सल्लललाहु अलैहै व आलिही व सल्लम की मर्ज़ी जान लेने के बाद, आपकी ज़िम्मेदारी हज़रत अबु तालिब अलैहिस्सलाम को सौंपी और इसे अपनी वसीयत करार दिया, तब हज़रत अबु तालिब अलैहिस्सलाम ने ये अश्शार कहे -


لا توصني بلا زم وواجب

اني سمعت اعجب العجائب

من كل حبر علم وكاتب

بأن تحمد الله قول الراهب

Laa tau'seeni bi'laa zi'miyo wa waaji'bi
   In'ni sami'tu aja'bal ajaa'yibi
   Min kul'li hib'rin ali'miyo wa kaatibin
   Ba ayi'yah madal'laahu qaular raahi'bi

ऐ मेरे प्यारे मोहतरम बाबा (अब्दुल मुत्तालिब)! आपको उस काम के लिए कोई वसीयत करने की ज़रूरत ही नहीं थी जिस काम के करने को मैं अपनी ज़िम्मेदारी और फर्ज़ समझता हूँ। मैंने, मुहम्मद मुस्तफ़ा के मुताल्लिक और इनसे जुड़ी बहुत सी पेशीन-गोई सुनी हैं। अल्लाह से दुआ है की वो, उस पाक आलिम पर और उसे हक़ बताने वालों पर और नबूवत की पेशन-गोई का इल्म रखने वाले आलिमों पर रहमत नाज़िल करे।

# 15

# बेटों को नसीहत

हज़रत अबु तालिब अलैहिस्सलाम अपने बेटे के जाफ़र के साथ एक पहाड़ी के पास से गुज़र रहे थे की तभी आपकी नज़र मुहम्मद सल्लललाहु अलैहे व आलिही व सल्लम और हज़रत अली अलैहिस्सलाम पर पड़ी, मुहम्मद सल्लललाहु अलैहे व आलिही व सल्लम नमाज़ अदा कर रहे थे और मौला अली अलैहिस्सलाम, उनके सीधे हाथ की तरफ खड़े, नमाज़ अदा कर रहे थे। हज़रत अबु तालिब अलैहिस्सलाम ने, हज़रत जाफ़र को हुक्म दिया की तुम भी जाकर इनके साथ नमाज़ अदा करो और आपने फरमाया -

ان عليا و جعفرا ثقتي

عند إحترام الامور والكرب

آراهما عرضة اللقاء إذا

ساميت او انتمي الى حسب

لاتخذ لا وانصرا ابن عمكما

أخي لامى من بينهم وابي

والله لا أخذل النبى ولا

يخذ له من بني ذو حسب

In'na ali'yao wa jafar'an siqa'ti

    In'da ih'tiraami lu'muri wal ku'rabi

    Araa'humaa ur'zatal li'qaayi izaaizaa

    Saa'maita ao an'tami ilaa hasa'bu

*Laa takh'zu laa wan'suraa yib'na am'mi kumaa*
*Aa'khi li um'mi min bayni'him wa abi*
*Wal'laahi laa akhzu'lun nabiy'ya wa'laa*
*Yakh'zu lu'hu min baniy'yi zu hasa'bi*


जब रसूलुल्लाह सल्लललाहु अलैहे व आलिही व सल्लम के खिलाफ़, ज़ुल्म हद से ज़्यादा बढ़ जाएगा, मुझे अपने बेटों अली और जाफ़र पर यक़ीन और भरोसा है। मुझे मालूम है की जब भी मैं अपने बेटों को मदद के लिए पुकारूँगा तो मेरे बेटे दौड़े चले आएँगे।


देखो मेरे बेटों! मुहम्मद मुस्तफा सल्लललाहु अलैहे व आलिही व सल्लम मेरे भाई का बेटा है और मेरा भतीजा है यानी तुम्हारे चचेरे भाई हैं। उन्हें कभी अकेले मत छोड़ना और उनका हमेशा साथ देना और दुश्मनों से उनकी हमेशा हिफ़ाज़त करना।


मैं, अल्लाह की कसम खाकर कहता हूँ की मैं अल्लाह के रसूल को कभी नहीं छोड़ूँगा, जिस तरह एक सच्चा इंसान, हक़ और सच को कभी नहीं छोड़ता।

# 16

## इताअत ए रसूल

أبني طالب ، إن شيخك ناصح

فيما يقول مسدد لك راتق

فاضرب بسيفك من ارادمساءةً

حتى تكون له المنية ذائق

هذا رجائي فيك بعد منيتي

لا زلت فيك بكل رشد واثق

فاعضد قواه يابني و كن له

انى يجدك لا محالة لاحق

اها اردد حسرة لفراقه

اذ لا أراه وقد تطاول باسق

اترى اراه و اللواء اما مه

وعلي ابني للواء معانق ؟

Aa bunaiy'ya taa'lib, in'na shai'kha ka naasi'hun
    Fi'maa ya'qulu musad'di dul'laka raati'qu
    Faz'rib bi saifi'ka man araa'da ma'saa atan
    Hat'taa taku'na la'hul maniy'yatu zayi'quzayi'qu


Haa'za ra'jaayi fi'ka ba'da maniy'yati
    Laa zal'tu fi'ka bi kul'li rush'diyou waa'siqu
    Fa oozid qu'waahu yaa bunaiy'ya wa kul'lahu
    An'naa yajid'ka laa mahaa'lata laahi'qu

Aa'han urad'didu has'ratal li fi'raaqi hi
   Iz laa araa'hu wa qad ta'taa wala baa'siqu
   Uta'raa araa'hu wal liwa'oo amaa'mahu
   Wa al'liyub ni lal la'waayi mu'aaniqu?

ऐ मेरे बेटे तालिब! मैं तुम्हें एक बाप होने की हैसियत से नसीहत कर रहा हूँ और सही रास्ता दिखा रहा हूँ। देखो और देखो की कोई दुश्मन, रसूलुल्लाह सल्लललाहु अलैहे व आलिही व सल्लम को नुकसान पहुँचाने की या मारने की कोशिश तो नहीं कर रहा, अगर ऐसा होते देखो तो अपनी तलवार को म्यान से निकाल लो और दुश्मनों को मौत का मज़ा चखा दो, तुम्हें हर हाल में, हर कीमत पर रसूलुल्लाह की हिफ़ाज़त करनी है।

मैं अपनी मौत के बाद भी तुमसे ये ही चाहता हूँ और मैं तुमसे हमेशा बेहतर की उम्मीद करता हूँ। (यानी हिफ़ाज़त ए रसूल सल्लललाहु अलैहे व आलिही व सल्लम की उम्मीद), मेरे प्यारे बेटे! मेरी आँखों के नूर! तुम रसूलुल्लाह के लिए मददगार हाथ बन जाओ। जब कभी भी उन्हें मदद या किसी अपने की ज़रूरत पेश आए तो तुम हमेशा उनके क़रीब रहना।

आह... मुझे कितना दुख हो रहा है की मैं बग़ैर मुहम्मद की फ़तह और कामयाबी देखे ही, उनके हक़ का बुलंद अलम देखे ही दुनिया से रुख़्सत हो रहा हूँ। मुझे यक़ीन है की एक दिन सारी दुनिया में मुहम्मद का परचम लहराएगा। फिर भी, मैं अभी से देख सकता हूँ की आगे वो दौर आने वाला है जब मुहम्मद रसूलुल्लाह का परचम बुलंदियों पर लहराएगा और मेरे बेटे उनकी हिफ़ाज़त ओ नुसरत कर रहे होंगे और उनके अलम को बुलंदी के साथ लहराते हुए आगे बढ़ रहे होंगे।

क्या ये आगे तक की दूरबीनी, मेरी मौत का वक़्त ताख़ीर कर सकती है?, या मेरी फिक्र को दूर कर सकती है?, जबकि हक़ीक़त तो ये है की मैं बहुत जल्द, दुनिया ए फानी से जाने वाला हूँ और मैं अल्लाह के रसूल के खिलाफ़ बुलंद होते क़ुरैश के परचमों को देख रहा हूँ।

# 17

# अपने बेटे को नसीहत

हज़रत अबु तालिब अलैहिस्सलाम, तमाम ज़िंदगी भर, रसूल ए खुदा, मुहम्मद सल्लललाहु अलैहे व आलिही व सल्लम की हिफ़ाज़त करते रहे और दीन ए खुदा की हिफ़ाज़त के लिए भी ढाल बनकर खड़े रहे। आप हज़रत अबु तालिब अलैहिस्सलाम, अपने बेटों, भतीजों, रिश्तेदारों, खानदान वालों और आस-पास के सभी लोगों को मुहम्मद मुस्तफ़ा सल्लललाहु अलैहे व आलिही व सल्लम का मर्तबा बताने की कोशिश करते और सबको, मुहम्मद सल्लललाहु अलैहे व आलिही व सल्लम का साथ देने और हिफ़ाज़त करने की नसीहत भी करते।

हज़रत अबु तालिब अलैहिस्सलाम, अपने बेटों पर इसलिए भी बड़ा फ़ख़्र किया करते थे क्योंकि आपके बेटे हक़ दीन पर जमे हुए थे। अल्लाह और अल्लाह के रसूल पर ईमान भी रखते थे और रसूलुल्लाह व दीन ए इस्लाम की हिफ़ाज़त के लिए जानों की क़ुर्बानी देने भी हमेशा तैयार रहा करते थे।

हज़रत हमज़ा, जो की रसूलुल्लाह सल्लललाहु अलैहे व आलिही व सल्लम के प्यारे चचा थे, वो लश्कर ए मुहम्मद सल्लललाहु अलैहे व आलिही व सल्लम के अलमदार बने और जब जंग ए ओहद में हज़रत हमज़ा अलैहिस्सलाम शहीद हो गए तब हज़रत अबु तालिब अलैहिस्सलाम के छोटे बेटे, हज़रत अली अलैहिस्सलाम को रसूलुल्लाह ने अपने लश्कर का अलमदार बनाया।

जंग ए ओहद में जब हज़रत अली अलैहिस्सलाम को लश्कर ए रसूलुल्लाह का अलमदार बनाया गया और जब उन्होंने दीन ए इस्लाम का अलम उठाया और बुलंद किया, तब हज़रत

अबु तालिब अलैहिस्सलाम, ब'ज़ाहिर तो वहाँ मौजूद नहीं थे लेकिन उनकी वो नसीहत ज़रूर मौजूद थी जो उन्होंने अपने बेटे को की थी -

ان الوثيقة في لزوم محمد

فاشدد بصحبته على يديكا

In'nal wasi'qata fi luzu'mi muhammadin
    Fash'dud bi suh'batihi alaa ya dai'ka

ऐ मेरे बेटे! मेरी आँखों के नूर, मेरी एक बात हमेशा याद रखना, इस दुनिया में सबसे बेहतरीन अमल ये है की रसूलुल्लाह को थामकर रखो (के साथ रहो) और रसूलुल्लाह की मदद व हिफ़ाज़त करो।

# 18

# अबु उरवई को ख़त

अबु उरवई, हज़रत अबु तालिब अलैहिस्सलाम के क़रीबियों में से था और क़ुरैश के एक कबीले का सरदार भी था। जब लोगों ने हज़रत मुहम्मद मुस्तफ़ा सल्लललाहु अलैहे व आलिही व सल्लम के खिलाफ़ बगावत शुरू की तब अबु उरवई उनमें शामिल भी नहीं हुआ।

हज़रत अबु तालिब अलैहिस्सलाम ने उसे ख़त लिखा और ख़त में अश्शार लिखकर उसे और उसके परिवार को मुहम्मद मुस्तफ़ा सल्लललाहु अलैहे व आलिही व सल्लम की दिफा करने और साथ देने के लिए कहा -

اعلم ابا اروي بانك ماجد

من صلب شيبة فانصرن محمدا

لله درك ان عرفت مكانه

في قومه ووهبت منك له يدا

اما على فارتبته امه

و نشا على مقة له و تزيدا

سرف القيامة والمعا دبنصره

وبعا جل الدنيا يحوز السنوددا

اكرم بمن يقضى اليه بامره

نفسا اذا عد النفوس ومحتدا

وخد اعا شرفت بمجد نصابه

يكفيك منه اليوم ما تر جوغدا

Aa'lam abaa ar'wayi bi an'naka maaji'dun

Min sul'bi shay'bata fan'su ran'na muhammadan
Lil'laahi dar'ruka in araf'ta makaa'nahu
Fi qaumi'hi wa wa'habta min'ka lahu ya'daaya'daa


Am'maa aliy'yu faara tabat'hu um'muhu
Wa na'shaa alaa miqa'tin lahu wa tazai'yadaa
Saru'fal qiyaa'mata wa lama'aa da bi nas'rihi
Wabi'aa ji'lid dun'yaa ya hu'zus su'da daa


Ak'rim bi'man yaq'zi ilai'hi bi am'rahi
Naf'san izaa adun nu'fusa wa mah'tidaa
Wa kha'da aa sharu'fat bi maj'di nisaabi'hi
Yak fika min'hul yau'ma maa tar'ju gha'dan


ऐ अबु उरवई! एक बात याद रखना, तुम शैबत उल हम्दी में बहुत इज़्ज़तदार और मकाम रखने वाले हो लिहाज़ा तुम्हारे लिए ये बहुत ज़रूरी है की तुम मुहम्मद मुस्तफ़ा सल्लललाहु अलैहे व आलिही व सल्लम की मदद करो। अल्लाह तुम पर रहमत ओ बरकत नाजिल करे। तुम्हें याद करना चाहिए की कबीलों के दरम्यान, पैग़म्बर ए खुदा का क्या मकाम होता है। अगर तुम रसूलुल्लाह सल्लललाहु अलैहे व आलिही व सल्लम का साथ दो और उनकी मदद करो तो तुम्हारा नाम भी तारीख़ में इस तरह दर्ज होगा की तुमने अल्लाह के दीन के लिए बड़ा काम किया।


अगर मैं अपने बेटे अली की बात करूँ, तो उसकी माँ ने उसकी तर्बियत ही वफ़ादार ए मुहम्मद और आशिक़ ए रसूल बनाते हुए ऐसी की है और उसे इस तरह पालकर बड़ा किया है की मुहम्मद रसूलुल्लाह सल्लललाहु अलैहे व आलिही व सल्लम की मुहब्बत उसके दिल में और रगों में दौड़ रही है। जैसे जैसे दिन गुज़रते हैं, उसके दिल में भी मवद्दत ए रसूल हर दिन, पहले से भी ज्यादा बढ़ती चली जाती है।


मुहम्मद रसूलुल्लाह पर जान फिदा करना, खुद को वक्फ़ करना और उनकी मदद व हिफ़ाज़त के लिए हमेशा खड़े रहने की बदौलत अली ने ना सिर्फ़ दुनिया में आला व बुलंद मकाम पाया है बल्कि वो हश्र के दिन भी औरों से ज्यादा आला मकाम और रब की तरफ से

बेहतरीन इनआम पाएगा।

मेरा बेटा अली, तारीफ और ताज़ीम के लायक है की उसने अपनी पूरी ज़िंदगी, अल्लाह के रसूल, मुहम्मद मुस्तफा सल्लललाहु अलैहे व आलिही व सल्लम की मदद व हिफ़ाज़त के लिए वक्फ़ कर दी है। अगर कोई मुकम्मल तौर पर अली की परहेज़गारी को तौलना चाहे, रसूलुल्लाह के लिए उसकी मुहब्बत और जान फिदा करने के अली के दिल, दिमाग़ और रूह के जज़्बे को तौलना चाहे तो अदल तो ये है की अली को नफ़्स ए रसूल कहा जाए।

मुहम्मद सल्लललाहु अलैहे व आलिही व सल्लम शराफ़त और सख़ावत के आला दर्ज़े पर फाइज़ हैं की अगर कोई अपने मुस्तकबिल की कामयाबी या ख़्वाहिशात के लिए भी इनके पास जाए और इन्हें थाम ले तो अल्लाह के करम से उसकी दुआएँ और ख़्वाहिशात भी जल्द पूरी कर दी जाएँगी।

# 19

# बनी हाशिम का मुआहिदा

जब हज़रत अबु तालिब अलैहिस्सलाम को एहसास हुआ की मक्का के सारे बुतपरस्त, हज़रत अबु तालिब की मौत का इंतज़ार कर रहे हैं की कब हज़रत अबु तालिब इस दुनिया से पर्दा फरमाएँ और कब वो, रसूलुल्लाह सल्लललाहु अलैहे व आलिही व सल्लम को क़त्ल कर सकें तब आप सरकार अबु तालिब ने, बनी हाशिम के लोगों को जमा किया और उन्हें पुराने अहद को याद दिलाते हुए दोबारा अहद लिया और वादा लिया की अगर मुझे कुछ हो जाता है तो तुम लोग हज़रत मुहम्मद सल्लललाहु अलैहे व आलिही व सल्लम की मदद व हिफ़ाज़त के लिए हमेशा तैयार रहोगे। आपने फरमाया -

اوصى بنصر النباى الخير مشهده
علیا ابني وعم الخير عبا سا
وحمزة الاسد المخشي صولته
وجعفرا ان تذودا دونه الناسا
وهاشما كلها اوصى بنصرته
أن ياخذوا دون حرب القوم امراسا
كونوافدي ، لكمنفسى وماولدت
من دون احمد عند الروع اتراسا
بكل ابيض مصقول عوارضة
تخا له في سودا لليل مقا سا

Usi bi nas'rin nabiy'yal khairi mash'hada hu
   Aliy'yan ib'ni wa am'mal khairi ab'basan
   Wa hamza'tal asadil makh'shiyi sau lata'hu
   Wa jafar'an an tazu'daa duna'hun naa'sanaa'sa

Wa haashi'man kul'lahaa usi bi nusrati'hi
   Ay'ya khu'zu du'na har'bil qaumi am'raa saa
   Ku'nu fida'yin la'kum naf'si wa'maa wala'dat
   Min du'ni ah'mada in'dar ruyi at'raa saa


Bi kul'li ab'yaza mas qau'lin awaari'zuhu
   Ta'kha lu'hu fi sawa'dal lay'li miq'san


मैं तुम सबको मशवरा और नसीहत दे रहा हूँ ख़ासकर, मेरे बेटे अली को और मेरे भाई अब्बास को, तुम लोग रसूलुल्लाह सल्लललाहु अलैहे व आलिही व सल्लम की मदद व हिफ़ाज़त के लिए तैयार रहना और उनके मक़सद को पूरा करने में उनकी मदद करना। मैं अपनी आख़री ख़्वाहिश और वसीयत के तौर पर पूछता हूँ, बनी हाशिम का शेर हमज़ा, जो अपनी बहादुरी के लिए जाना जाता है और मेरे बेटा जाफ़र, आप दोनों मुकम्मल तौर पर रसूल ए ख़ुदा मुहम्मद सल्लललाहु अलैहे व आलिही व सल्लम की मदद और हिफ़ाज़त करें।


मैं बनी हाशिम के हर फ़र्द से कहता हूँ की रसूल ए ख़ुदा के लिए एक हो जाओ और उनकी मदद व हिफ़ाज़त के लिए तैयार रहो, जंग के लिए तैयार रहो। जब भी कभी आप पैग़म्बर ए इस्लाम की तरफ ख़तरा बढ़ता देखो तो अपनी छाती तान कर खड़े हो जाना और रसूल ए ख़ुदा की हिफ़ाज़त करना, यहाँ तक की ज़रूरत पड़ने पर अपनी जानों की कुर्बानी भी पेश कर देना। अल्लाह करे की मेरी और मेरे बेटों की मौत भी इसी ख़ास काम (हिफ़ाज़त ए रसूल) को पूरा करने के लिए हो।


रसूलुल्लाह की हिफ़ाज़त के लिए अपनी चमकदार तलवारों के साथ बाहर आओ, तुम्हारी तलवारें इस तरह चमकें जिस तरह रात के अँधेरे में मशाल चमकती है।

# 20

# अहद ए बनी हाशिम

حتى متى نحن على فترة

يا هاشم و القوم في حجفل

يد عون بالخيل لدى وقبة

منا لدى الخوف و في معزل

كالر جلة السوواء تغلو بها

سر عانها في سبسب مجهل

عليهم الترك على زغلة

مثل القطا القارب للمنهل

يا قوم ذودواعن جما هيركم

بكل مقصال على مسبل

حديد خمس لهز حدة

مارث الأفضل يلا فضل

عريض ست لهب حضرة

يصان بالتذ ليق في مجدل

فكم شهدت الحرب في فتية

عند الوغي في عسير القسطل

لا متنحين اذا جئتهم

و في هياج الحرب كالا شيل

Hat'taa ma'taa nah‘nu alaa fatra'tin
Yaa haashi'mu wal qau‘mu fi huj'fili
Yad au‘na bil khay'li la'daa waq‘batin
Min'naa la'dal khau‘fi wa'fi mazi‘li

Kar'rij latis sau'waayi tagh'lu bi'haa
  Sara aanu'haa fi'sab sa'bin majh'hali
  Alay'himut tar'ku alaa rugh'latin
  Masa'lal qatal qaari'bi lil man'hali


Yaa qau'mu zu'dawaa an jamaa hi'ri kum
  Bi kul'li miq'saa lin alaa mus'bili
  Hadi'di kham'sin lah'zan had'duhu
  Ma aa'rasul af'zali lil af'zali


Aari'zi sit'ta laha'bun huz'ruhu
  Yusaa'nu bit'taz li'qi fi mij'dali
  Fa'kam sha hit'tul har'ba fi fit'yatin
  In'dal wagh'yi fi is'ya ril qas'tali


Laa muta'nah hi'yana izaa jis ta'hum
  Wa'fi hi'yaajil har'bi kal ash'yuli


ऐ बनी हाशिम के लोगों! हम कब तक दुश्मनों के खिलाफ़ खामोशी इख़्तियार करेंगे। दुश्मन सोचते हैं की हम उनके डर की वजह से खामोश हैं और उनके घोड़े हमारी तरफ चले आ रहे हैं। उन्हें लगता है की काली अँधेरी रात की तरह सियाह ज़िरह पहने होने की वजह से हम उन्हें नहीं देख सकते।


उनकी फौज हमारे चारों ओर हैं, वो फौजी पोशाक पहने हुए अपने घोड़ो से आगे बढ़ने के लिए कह रहे हैं। वो हम पर हमला करने के लिए इतनी जल्दबाजी में हैं जैसे कच्ची कबूतर तेज़ी से उड़कर पानी की तरफ जाता है। ऐ बहादुरों! अपने तेज़ तर्रार घोड़ो को बाहर निकाल लो, अपनी तलवारों को बाहर निकाल लो और दुश्मनों को खदेड़कर बाहर फेंक दो।


हमारे घोड़े अच्छी जंगी नस्ल के, तेज़ तर्रार और फुर्तीले होने चाहिए और इनका धड़ चौड़ा होना चाहिए और इनमें इतना जज़्बा होना चाहिए की दुश्मनों पर बढ़-बढ़कर हमला करने

के लिए बेताब रहें। उन्हें जंग के मैदान में घबराना और लड़खड़ाना नहीं चाहिए और ना ही जंग के मैदान से भागना चाहिए।

हमारे दुश्मनों को याद रखना चाहिए की मैंने अपने नौजवानों के साथ ऐसी-ऐसी जंगों में तक हिस्सा लिया है की जहाँ, दुश्मन हमें बादलों की तरह घेरकर खड़े थे। हमारे नौजवान सिपाहियों की बहादुरी भी बेमिसाल थी की वो जंग के मैदान में मजबूती से जमे खड़े रहे।

हम उन लोगों में से नहीं हैं जो जंग के मैदान में मुँह फेरकर, पीठ दिखाकर भाग जाते हैं। अलबत्ता की जब जंग शुरू होती है तो हम बहादुर और ताकतवर शेरों की तरह नज़र आते हैं।

# 21

# बनी हाशिम का अहद

हज़रत अबु तालिब अलैहिस्सलाम ने बनी हाशिम के कबीले से मुख़ातिब होकर ये अश्शार कहे, तब वहाँ अबु लहब और बनी हिशाम भी मौजूद थे।

قل لعبد العزى اخي وشقيقي
و بني هاشم جميعا عزينا
و صديقي ابي عمارة و الاخ
وان طرا ، و استري اجمعينا
فا علمو اني له ناصر
و محر بصولتي الخا ذلينا
فانصروه للرحم والنَسب الاد
نى و كونوا له يدا مصلتينا

Qul li ab'dil uz'za aa'khi wa shaqi'qi
  Wa ba'ni haashi'min jami'an azi'naa
  Wa sid'diqi abi imaa'rata wal'ikh
  Waa'ni tu'ran, wa as'rati ajma'yina

Fa alamu an'nayi la'hu naasi'run
  Wa muhir'ru bi'su la'til kha zili'na
  Fan'su ru'hu lir'rahmi wan'nasabil adad
  Naa'wa ku'nu lahu ya'dan mus'la tay'naa

बनी हाशिम के हर एक फ़र्द को यहाँ तक की अबु लहब और अबु अम्र को बता देना चाहता हूँ की याद रखना मैं मुहम्मद रसूलुल्लाह का साथ यूँ ही देता रहूँगा और उनकी नुसरत ओ हिफ़ाज़त करता रहूँगा और जो भी उनके मुक़ाबले में आएँगे, उनसे जंग करूँगा।


मुहम्मद रसूलुल्लाह के दुश्मनों से बनी हाशिम को मुक़ाबला करना चाहिए यहाँ तक की उन्हें भी रसूलुल्लाह की दिफ़ा करना चाहिए जिन्होंने अभी तक दीन एक़ इस्लाम क़ुबूल नहीं किया है।

# 22

# बनी कनाना

قل لمن كان من كنانة في لعز

واهل الندي واهل الفعال

قد اتكم من المليك رسول

فاقبلوا بصالح الاعمال

فاقبلوا احمد فان من الله

رداء عليه غير مذال

Qul li'man kaa'na min ka'naa na'ti fil iz'zi

    Wa ah'lin na'daa wa ah'lal fi aali

Qad ataa kum min'al mali'ki rasool'un

    Fa aqbi'lu bi saali'hil aa'maali

Fa aqbi'lu ah'madan fa in'na min'al laahi

    Ridaa un alai'hi ghai'ru mu'zaali

बनी कनाना के लोगों से कह दो जो अपने बड़प्पन और दूसरों के लिए दरियादिली दिखाने के लिए मशहूर हैं की अल्लाह के रसूल दुनिया में पहले ही तशरीफ़ ला चुके हैं। उनसे कह दो की रसूलुल्लाह सल्लललाहु अलैहे व आलिही व सल्लम की खुशआमदीद करें और उनके अच्छे मक़सद और कामों में उनका साथ दें। रसूलुल्लाह सल्लललाहु अलैहे व आलिही व सल्लम के पैग़ाम को अमन और अच्छी नियत व मुहब्बत के साथ सुनें और क़ुबूल करें। अल्लाह के रसूल के साथ खड़े रहो की अल्लाह ने उन्हें वो पाकी और मर्तबा अता किया है जो हमेशा-हमेशा के लिए बाकि रहेगा।

# 23

# बनी ग़ालिब से ख़िताब

الا ابلغا عنی لو یا رسالۃ

بحق ، وما تغنی رسالۃ مرسل

بنی عمنا الاد نین تیما نخصهم

واخواننا من عبد شمس و نوفل

اظا هر تموا قوما علینا اظنۃ

وامر غوي من غواۃ وجهل

یقولون : انا ان قتلنا محمدا

اقرت نو اصي هاشم بالتذ لل

کذبتم وبیت الله یسلم رکته

ومکۃ والا شعار في کل معمل

وبا لحج او بالنیب تدهی نخورها

بد ماه والرکن العتیق المقبل

تنالونه او تعطفوا دون نیله

صوارم تفری کل عظیم و مفصل

وتد غوا بارحام وانتم ظلمتموا

مصالیت في یوم اغر محجل

مهلًا ولما تنتج الحرب بکر ها

یبین تمام اوتا خر معجل

فانا متی ما نمر ها بسیو فنا

نجالح فنعرك من نشاء بکل کل

وتلقو اربیع الابطحین محمدا

علی ربوۃ في رأس عیطاء عیطل

وتا وی الیه هاشم ان هشما

عرا نین کعب اخرا بعد اول

فان کنتمو تر جون قتل محمدا

فرو موا بما جمعتم نقل يذبل

فانا سنحميه بكل طمرة

وذى ميعه نهدا لمرا كل هيكل

وكل ردبني ظماء كعو به

وعضب كايماض الغمامة مقصل

وكل جزور الذيل زغف مفاضة

دلاص كهزهاز الغدير المسلسل

بايمان شم من ذوائب هاشم

مغا ويل بالا خطار في كل محفل

همو سادة السادات في كل موطن

وخيرة رب الناس في كل معضل


Alaa ab'lighaa an'ni lu'ay yan risaa'la tan
  Bi haq'qin, wa maa tugh'ni risaa'latu mur'sili
  Bani am'minal ad nai'na tay'maa na khus'su hum
  Wakh waa na'naa min ab'di sham'siyou wa nau fa'lin


Azaa'har tu'mu qau'man alai'na azin'na tan
  Wa am'ra gha'wiy yim min ghu'waa ti'you wajuh hal'li
  Ya'quluna in'naa in qatal'naa muhammadan
  Aqar'ratu na'waasi haashi'min bit'ta zal'luli


Ka'zib tum wa bay'til laahi yus'lamu ruk'tahu
  Wa mak'kata wal ish aari fi kul'li ma'mali
  Wa bil haj'ji aw bin'nabi tad'hi nahu'ruhaa
  Bida'maahu war'ruk nil ati'qil muqab'bali


Ta'naalu na'hu aw ta'tafu du'na nai'lihi
  Sawaa'rimu taf'ri kul'la azi'min wa mif'sali
  Wa tad'oo bi ar'haamin wa an'tum zalam'tumu
  Mu'saa lai'ta fi yau'min aa ghar'ra mu'haj jali

Fa mah'lan wa lam'maa tun'ta jil har'bu bi kar'haa
    Yu bi'nu tima'ma au'takh khu'ru mu'jili
    Fa in'naa ma'taa maa nam'rihaa bi su'yu fi'naa
    Nu'jaa lah fana'ruka man nashaa'oo bi kal kali


Wa tal'qu rabi'al ab'ta hi'ni muhammadan
    Alaa rab wa'tin fi rau'si ai'taayi ai'taliai'tali
    Wa ta'wi ilai'hi haashi'min in'naa haashi'man
    Araa ni'nu ka'bin aakhi'ran ba'da aw'wali


Fa in kun'tumu tar'juna qat'la muhammadan
    Fa ru'mu bi'maa jam'ma tu'mu naq'la yaz'bul
    Fa in'naa sa'nah mi'hi bi kul'li ta'mar ra'tin
    Wa zi'mai aa'tin nah'dil ma'raa ki'li hai'kali


Wa kul'li ru'dai niy'ya zimaa'yin ku ubu'hu
    Wa az'bi ka yimaa'zil gha'maa ma'ti miq'sali
    Wa kul'li jaru'riz zay'li zagh'fin mu'faa za'tin
    Di'laa sin ka'haz haa'zil ghadi'ril mu'sal sali


Bi ay'maani shum'min min zawaa yi'bi haashi'min
    Ma'ghaa wi'lu bil ikh'taari fi kul'li mah'fili
    Hu'mu saada'tus saadaa'ti fi kul'li mau'tinin
    Wa khi'ya ra'tu rab'bin naa'si fi kul'li mu'zili


लुई और ग़ालिब के लोगों तक मेरा पैग़ाम ए हक़ पहुँचा दो और उनसे कह दो, हक़ीक़त की तह तक जाओ और अल्लाह के रसूल को क़ुबूल कर लो। ऐसा ज़रूरी नहीं है की ये लोग मेरे पैग़ाम ए हक़ को सुनकर, हक़ तस्लीम कर ही लेंगे लेकिन ये मुझपर फर्ज़ है की मैं अपने करीबियों तक हक़ के पैग़ाम को पहुँचाऊँ ख़ासकर तमीम इब्न ए ग़ालिब, अब्दुश्-शम्स और नौफाल वगैरह तक।

ऐ कुरैश के लोगों! क्या तुम उनकी मदद कर रहे हो जिन्होंने हमपर कभी भरोसा नहीं किया और भरोसा तोड़ा, क्या तुम उनकी झूठी बातों को मान रहे हो जो हमेशा से हमारे मुख़ालिफ़ीन बनकर रहे हैं। जो कुरैश के होते हुए भी मुहम्मद सल्लललाहु अलैहे व आलिही व सल्लम को क़त्ल करने का मंसूबा बनाते हैं, दरअसल वो कुरैश का सर शर्मिंदगी से झुकाने वाला अमल कर रहे हैं।

खुदा की कसम! उनके मंसूबे गलत हैं और वो खाना ए काबा और उसके सुतूनों को मिटा देना चाहते हैं, वो मक्का को बर्बाद कर देना चाहते हैं, वो बनी हाशिम के घरों को खून से भर देना चाहते हैं, हमारे लोगों को, यहाँ तक हमारे जानवरों को भी ज़िबह कर देना चाहते हैं और वो दुनिया के सबसे कीमती पत्थर, हज़्र ए अस्वद को भी खून से रंग देना चाहते हैं।

याद रखना अगर तुम इनकी तरफ कदम बढ़ाओगे तो तुम्हें उन तलवारों का मुक़ाबला करना पड़ेगा जो तुम्हारे जिस्म को चाक करते हुए तुम्हारी हड्डियों को तक काट डालेगी।

आह... ओ कुरैश के लोगों! तुम हमारे क़रीबी होने का दावा करते हो लेकिन फिर भी तुम उस ज़मीन के शेर (रसूलुल्लाह) को दबाने में लगे हो की जिसकी पेशानी, नूर से रौशन है और चमक रही है।

खबरदार! अगर जंग की नौबत आ गई तो सब जानते हैं की जंग में आगे बढ़ने वाले और बढ़-बढ़कर हमले करने वाले कौन हैं और जंग के मैदान से फरार होने वाले कौन हैं।

हम तो वो हैं की जब हम जंग के मैदान में दाख़िल होते हैं तो मद्द ए मुकाबिल आने वाले दुश्मनों के सीनों की गहराई तक अपनी तलवारें बड़ी ही आसानी से उतार देते हैं।

तुम सब देखोगे की हिजाज में, खूबसूरत बसंत के मौसम में रसूलुल्लाह सल्लललाहु अलैहे व आलिही व सल्लम ऊँचे गर्दन के ऊँट पर बुलंदी पर बैठे होंगे। वो बनी हाशिम के नौजवानों से घिरे हुए होंगे. अज़ल से अबद तक बनी हाशिम के नौजवान ही ज़मीं के सरदार हुए हैं।

ऐ क़ुरैश के मुतक़ब्बिर लोगों! अगर तुम मुहम्मद रसूलुल्लाह को क़त्ल करना चाहते हो तो आगे बढ़ो, कोशिश करो और पहले पहाड़ को अपनी जगह से हिलाकर देखो।

हम, मुहम्मद की हिफ़ाज़त के लिए जंग के मैदान की तरफ जल्दी से दौड़ पड़ेगें और हम हमारे चौड़ी छाती के घोड़ो पर सवार होंगे और हमारे हाथों में तेज़ धारी, चमकदार तलवारें होंगी।

हमारी तलवारें तेज़ चमकदार नूर की तरह चमकेंगी और हमारे जिस्मों में पड़ी हमारी ज़िरह झरने से बहते हुए साफ पानी की तरह चमकेंगी। मैं कसम खाकर कहता हूँ की बनी हाशिम के सिपाही, जंग के मैदान में दुश्मनों के लिए ख़तरनाक गाज़ी की तरह उभरेंगे।

ये वो लोग (बनी हाशिम) हैं, जो सरदारों के भी सरदार हैं और जंग के मैदान में खुद अल्लाह इनका हामी और नासिर होता है।

# 24

# कुरैश को नसीहत

وان امرأ ابو عتيبة عمه

لفي روضة ما ان يسام المظا لما

أقول له واين منه نصيحتي

ابا معتب ثبت سوادك قائما

فلا تفعلن الد هر ما عشت خطة

تسب بها اما هب طت الموا سما

وول سبيل العجز غيرك منهمو

فانك لم تخلق على العجز لا زما

وحارب فان الحرب نصف لن ترى

أخا الحرب يعطى الخسف حتى يسالما

وكيف ولم يجنو اعليك عظيمةً

ولم يخذ لوك غانما أو مغا رما

جزى الله عنا عبد شمس ونو فلا

ونيما و مخزوما عقو قاو ما ثما

بتخريقهم من بعد ود والفت

جما عتنا كيما ينا لوا المحا رما

كذ بتم و بيت الله ننزي محمدا

ولما تروا يو ما لدى الشعب قائما

Wa in amra'aa Abu Utaiba'ta am'ma hu
  La'fi rauza'tin maa ayi'yasa mal mazaa'li man
Aqu'lu la'hu wa ay'na min'hu nasi'hati
  Abaa muta'bin sab'bit sawaa da'ka qaayi'man

Fa'laa taf'aa lan'nad dah'ra maa ish'ta khut'ta tan
    Tu'sab bu bi'haa im'maa ha'bat tal ma'waa si'ma
    Wa wal'la sabi'lal ij'zi ghay'raka min'humu
    Fa in'naka lam tukh'laqu aa'lal ij'zi laa zi'man


Wa haa'rib fa in'nal har'ba nis'fun lan ta'raa
    Aa khal har'bi yu'til khas'fa hat'taa yu'saa li'man
    Wa kay'fa wa lam yaj'nu alai'ka azima'tan
    Wa lam yakh'zu lu'ka ghaani'man au mu'ghaa ri'man


Ja'za allahu an'naa ab'da sham'siyo wa'nu fa'lan
    Wa ni'miyo wa makh'zu man ukhu'fau wa'maa sa'man
    Ba'takh ri'khi him mim baa'di wud'din wa ul'fatin
    Ja'maa ata'naa kai'mai ya'naa lul ha'maa ri'man


Ka'zib tum wa bai'til laahi nun'zi muhammadan
    Wa lam'maa ta'rau yau'mal la'dash shi'bi qaa'yi man


ऐ अबु उतैबा! रसूलुल्लाह सल्लललाहु अलैहे व आलिही व सल्लम के ख़िलाफ़ चल रही साज़िश से अगर तुम खुदको अब भी दूर कर लो तो तुम भी उन लोगों में शामिल हो सकते हो जो सही रास्ते पर चलने वाले सालेहीन बंदे हैं। मुझे लगता है की मेरी बातों को नज़रअंदाज़ कर दिया जाएगा फिर भी अपना फर्ज़ निभाते हुए मशवरा दे रहा हूँ।


ऐ अबु मोअ'ताब! तुम कोई ऐसा काम ना करना की जिसकी वजह से खुद ही खुदमें शर्मिंदगी महसूस करने लग जाओ। ज़लील और भटके हुए लोगों का रास्ता और साथ छोड़ दो की अल्लाह ने तुम्हैं घटिया काम (रसूलुल्लाह को सताना और क़त्ल के मंसूबे बनाना) को करने के लिए ख़ल्क़ नहीं किया बल्कि हम तो हुक्म ए खुदा की इताअत के लिए पैदा किए गए हैं।


अल्लाह रब उल इज़्ज़त के दुश्मनों का साथ ना दो बल्कि उनसे जंग करो की ये ही अदल का रास्ता है। अल्लाह के दुश्मनों से लड़ने वाले मुजाहिद अपनी ज़िरह भी पीछे छोड़ देते हैं और

उन्हें कमतरी या कोई शर्म व झिझक महसूस नहीं होती और अल्लाह के करम से फतहयाब होते हैं।

ऐ अबु लहब! तुम क्यों और किस वजह से अपने ही घरवालों के खिलाफ़ खड़े हो जबकि तुम्हारे घरवालों ने तुम्हारा कभी कोई नुकसान नहीं किया और ना ही अच्छे बुरे हालातों में तुम्हें छोड़ा है।

अल्लाह जो तमाम आलमों और कहकशाओं का खालिक़ ओ मालिक है, वो बनु अब्दुस शम्स, नुफैल, तय्यिम और मख़्ज़ूम के उन लोगों को ज़रूर सज़ा देगा जिन्होंने अल्लाह की इताअत नहीं की और गुनाह किए।

इन्होंने हमें बुरे वक़्त में अकेला छोड़ दिया जबकि इन्होंने वादा किया था की हमेशा मुहब्बत और एक दूसरे को थामे हुए साथ निभाते रहेंगे।

रब ए काबा की कसम! हम मुहम्मद रसूलुल्लाह को कभी भी किसी भी हाल में तन्हा नहीं छोड़ेंगे और उन पर ख़तरा व मुसीबत नहीं आने देंगे चाहे इसके लिए हमें तमाम ज़िंदगी, शु'ब अबु तालिब में ही क्यों ना गुज़ारना पड़े।

# 25

# अबु लहब की दुश्मनी

عجبتُ لحلم يابن شيبة عازب

وأحلام أقوام لديك سخيف

يقولون شايع من ارا د محمد

بظلم ، وقم في امرة بخلاف

اضا ميم اما حاسد دو خيانة

واما قريب منك غير مصاف

فلا تر كبن الدهر منه نعامة

وانت امرؤ و من خير عبد مناف

ولا تتر كنه ما حبيت لمعظم

وكن رجلًا ذانجده و عفاف

يذ وداليد اعن ذروة هاشمية

إلا فهم في الناس خير الاف

فإن له قربي لديك قريبة

وليس بذى خلف ولا بمضاف

ولكنه من هاشم ذو صميمها

الى ابحر فوق البحور طواف

و زاحم جميع الناس عنه وكن له

و زيرا على الأعداء غير مجاف

وغضبت منه قريش فقل لها

بنى عمنا ما قو مكم بضعاف

و ما با لكم تغشون منه ظلامة ؟

و ما بال أحقاد هسناك خواف ؟

و ما قومنا بالقوم يغشون ظلمنا

و ما نحن فيما ساء هم بخفاف

و لكننا أهل الحفائظ والنهي

وعز ببطحاء المشا عر واف

Aajib'tu li hil'min yab'na shai'bata aazi'bu
Wa ah'laamu aq'waa mil'la dai'ka sa'khifu
Ya'khu lu'na sha'yih man araa'da muhammadan
Bi zul'min, wa qum fi am'rihi bi khi'laafi


Azaa mi'mu im'maa haasi'dun zu khi'yaa na'tin
Wa im'maa qari'bum min'ka ghai'ru mussa'fi
Fa'laa tar ka'ban nad dah'ra min'hu ni'aa ma'tin
Wa an'ta am'ra un wa'min khai'ri aba'du munaa'fi


Wa'laa tat'ru kan'hu maa haya'ta li muza'min
Wa'kur raju'lan zaa'naj da'tiyo wa afaa'fi
Ya'zu dal idaa an'zir wa'tin haashi'mi ya'tin
Ilaa fa'hum fin'naasi khai'ru ilaa'fi


Fa in'na la'hu qur'baa la dai'ka qari'batan
Wa lai'sa bi'zi khil'fin wa'laa ba'mu zaa'fi
Wa'laa kin'nahu min haashi'min zu sami'miha
Ilaa ab hu'rin fau'qal bu hu'ri ta'wafi


Wa zaa'him jami'an naa'si an'hu wa kul'lahu
Wazi'ran alal adaa'yi ghai'ra muja'fi
Wa ghazi'bat min'hu qurai'shun fa qul la'haala'haa
Bani am'manaa maa qu mu'kum bi'zi aa'fi


Wa'maa baa lu'kum tagh shau'na min'hu zu'laa ma'tan?
Wa'maa baa'lu ah qaa'din hus'naaka kha waa'fi?
Wa'maa qau mu'naa bil qau'mi yagh shau'na zul'manaa
Wa'maa nah'nu fi'maa saa'aa hum bi khi'laafi

Wa'laa kin na'naa ah'lul hafaa'yizi wan'nuhaa
  Wa iz'zin bi bat haa'yil ma'shaa yi'ri waa'fi

ऐ इब्न ए शैबा (अबु लहब)! क्या तुम्हारा दिमाग़ फिर गया है?, जो तुम अहले इल्म के मुताल्लिक़ ये कहते फिरते हो की इनमें ज़हानत नहीं?, वो लोग तुम्हें, मुहम्मद रसूलुल्लाह के क़त्ल और हक़ को दबाने की साज़िशों में शामिल करते हैं, तुम्हें तो चाहिए की तुम उन दुश्मनाने रसूल के ही खिलाफ़ आकर उनका मुक़ाबला करो। वो मुहम्मद रसूलुल्लाह से हसद रखते हैं और उनके दिल साफ नहीं भले ही वो तुम्हारे क़रीबी रिश्तेदार हैं।

देखो! तुम तो बनी अब्द मनफ़ के बेहतरीन लोगों में से हो। रसूल ए ख़ुदा की मदद की मदद करो और तुम भी पाक और शरीफ़ लोगों में शामिल हो जाओ। तुम्हें उन लोगों में शामिल हो जाना चाहिए जो नूर ए बनी हाशिम यानी मुहम्मद रसूलुल्लाह सल्ललल्लाहु अलैहे व आलिही व सल्लम की नुसरत व हिफ़ाज़त के लिए मेहनतें कर रहे हैं। बेशक, ये ही लोगों के दरम्यान सबसे बेहतरीन हैं।

ज़रा सोचकर देखो! मुहम्मद रसूलुल्लाह तुम्हारे क़रीबियों के घराने से हैं, ना की तुम्हारे दुश्मनों के घराने से। मुहम्मद, नूर ए बनी हाशिम है। मुहम्मद, शराफ़त का वो समुंदर है जिसकी गहराई दूसरों से कई ज्यादा है।

उसके दुश्मनों से लड़ो, मुहम्मद रसूलुल्लाह को दबाने की कोशिशें मत करो। अगर क़ुरैश, मुहम्मद रसूलुल्लाह के खिलाफ़ नाराज़गी ज़ाहिर करे तो बुलंद आवाज़ के साथ ऐलान करो, "मुहम्मद हम में से एक है (यानी बनी हाशिम में से है)।"

तुम सबको क्या हो गया है और तुम किसका बदला मुहम्मद रसूलुल्लाह को दबाकर निकालना चाहते हो?, ये मुहम्मद से किस तरह की नफरत है जो तुम्हारे दिलों में तुम, हमसे छिपाते हो?, हम वो लोग हैं जो दूसरों को दबाने की कोशिश नहीं करते और ना ही हम किसी को नुकसान पहुँचाने के लिए कदम ही बढ़ाते हैं। हम अहले अक़ुल हैं और लोगों के दरम्यान इस्तिदलाल हैं। हम खाना ए काबा, मक्का और इनकी शराफ़त के मुहाफ़िज़ हैं।

☙

# 26

# बनु उमैया को चेतावनी

जब बनी अब्द मनफ और बनी अब्दुस्-शमस् के लोगों के दिल में रसूल ए खुदा से हसद बढ़ने लगा तो वो रसूलुल्लाह सल्लललाहु अलैहे व आलिही व सल्लम को सताने लगे और आप पैग़म्बर ए इस्लाम से नफ़रत करने लगे, (ये दोनों परिवार और इनकी नस्लें, बनु उमैया के नाम से ज्यादा मशहूर हुईं और इसी नाम से जानी जाती हैं।), तब हज़रत अबु तालिब ने फरमाया -

ايا اخوينا عبد شمس ونوّ فلا

أعيذ كما أن تبعثا بيننا حربا

Ayaa akha wai'naa ab'da sham'sin wa'nu fa'lan
　　Uo yi'zu ka'maa an tab'asaa bai na'naa har'ban

ऐ मेरे भाईयों! अब्दुस्-शम्स और नव्'फल (नुफैल)। तुम हमारे भाई हो और मैं तुम्हें नसीहत करता हूँ की जंग में हमारे मुख़ालिफ़ीन बनकर लड़ने ना आना।

# 27

# बनु उमैया को नसीहत

रसूलुल्लाह सल्लललाहु अलैहे व आलिही व सल्लम से नफ़रत करने में बनु उमैया सबसे आगे थे और ये लोग मिलकर, रसूल ए ख़ुदा को सताने की, क़त्ल करने की, दबाने की नाकाम कोशिशों और साज़िशों में लगे रहते थे। अलबत्ता की इनके दिलों में इतनी नजासत आ चुकी थी की ये, रसूलुल्लाह की मदद करने वालों को भी सताने व तकलीफ़ देने में पीछे नहीं रहते थे।

وما كنت اخشى ان يرى الذل فيكم

بني عبد شمس جيرتي واقارب

جميعا فلا زالت عليكم عظيمة

تعم وتد عو اهلها بالجبا جب

اركم جميعا خا ذلين فذاهب

عن النصر من او غو متجانب

Wa'maa kun'tu akh'shaa ayi'yura az'zullu fi ku'mu
Ba'ni ab'di sham'sin khi'rati wa aqaa ri'bin

Jami'an fa'laa zaa'lat alai'kum azi'ma tun
Ta um'mu wa tad'uo ahu'lahaa bil ja'baa ji'bi

Ara'kum jami'an khaa'zi lai'na fa'zaa hi'bun
Anin nas'ri min'na aw gha'win muta'jaa ni'bi

ऐ अब्दुस्-शम्स की आल ओ औलादों! जबकि तुम लोग मेरे पड़ोसी और क़रीबी रिश्तेदार हो। फिर भी मैं तुम्हारे लिए डरता हूँ की तुम जिस तरह से रसूल ए खुदा के साथ सुलूक कर रहे हो, तुम अपने हिस्से में खुद ही, ज़िल्लत और और नाकामी ले आओगे।

तुम्हारा ये अमल ही तुम्हारी तबाही की वजह बनेगा और तुम्हारे आस पास पहाड़ियों में रहने वाले और तुम्हारा साथ देने वाले भी तबाह होंगे, याद रखना तुम्हारा ये अमल ही तुम्हें तबाह ओ बर्बाद कर देगा। मैं तुम्हें देख रहा हूँ की तुम खुद ही अपनी तबाही और बर्बादी की तरफ बढ़े चले जा रहे हो।

तुम सच और हक़ के खिलाफ, गलत जगह जाकर खड़े हो गए हो और आखिर में तुम्हें कोई नुसरत और मदद करने वाला भी नहीं मिलेगा।

# 28

# कुफ्फार ए मक्का को जवाब

जब रसूलुल्लाह सल्लललाहु अलैहे व आलिही व सल्लम ने बुतपरस्ती के खिलाफ़ आवाज़ उठाई और आपने तौहीदपरस्ती की तरफ बुलाया तो मुशरेकीन और काफिरों ने आप अलैहिस्सलाम को जान से मारने की धमकी दी। जब कुफ्फार ए मक्का ने, रसूलुल्लाह सल्लललाहु अलैहे व आलिही व सल्लम की ज़ुबान से आयात ए खुदा सुनीं जो आप पर वही बनाकर नाज़िल की गई थीं। रब के कलाम को सुनकर वो परेशान हो गए और इस बात से डरने लगे की कहीं मुहम्मद की बात सुनकर हमारे हमअक़ीदा लोग भी मुसलमान ना बन जाएँ क्योंकि कई लोगों की पहले से ही नींद उड़ गई थी और वो ये सोचकर परेशान थे की हमारा अक़ीदा सही है या मुहम्मद का?, अल्लाहुम्मा सल्ले अला मुहम्मद व अला आले मुहम्मद।


हर कबीले के सरदार और कुछ बड़े लोग, सरकार अबु तालिब अलैहिस्सलाम के पास गए और उनसे कहा की या तो अपने भतीजे को खामोश कर लो या फिर उसे हमारे हवाले कर दो। साथ ही साथ उन्होंने सरकार अबु तालिब को दुनियावी चीज़ों की पेशकश की अलबत्ता की यहाँ तक कह दिया की मुहम्मद की जगह हमारे घराने के किसी एक बेटे को तुम अपने पास रख सकते हो। उनकी हर एक बात का सरकार अबु तालिब ने इंकार कर दिया और मुहम्मद रसूलुल्लाह सल्लललाहु अलैहे व आलिही व सल्लम की नुसरत व हिफ़ाज़त के लिए हमेशा खड़े रहने के अहद की बात कही। आप हज़रत अबु तालिब ने फरमाया -


يقولون لي : دع نصر من جاء بالهدى

وغالب لنا غلاب كل مغلب

وسلم الينا احمد او اكفلن لنا

بنيّا، ولا تحفل بقول المعانب

فقلت لهم : الله ربي وناصري

على كل باغ من لؤى بن غالب

Ya'quluna li : da nas'ra man jaa aa bil'hudaa

   Wa ghaa'lib la'naa ghul'laba kul'la mu gha'libi

   Wa sal'lim ilai'naa ah'madan awa'ik fil'na la'naa

   Bu nai'yan, wa'laa tah'fal bi qau'lil muaa'nibi

   Fa qul'tu la'hum : Al'laahu rab'bi wa naa'siri

   Alaa kul'li baa'ghim mil'lua bin ghaa'libi

ये लोग मुझसे, उस शख़्स की मदद व हिफ़ाज़त ना करने से गुज़ारिश कर रहे हैं जो अल्लाह की तरफ से नूर ए हिदायत से भरे पैग़ाम लेकर आया है। ये लोग चाहते हैं की मैं अपने बेटे अहमद को इनके हवाले कर दूँ और बदले में इनके किसी एक बेटे को ले लूँ। ये कितनी जहालत भरी सोच से लिया गलत फैसला है।

ये चाहते हैं की मैं इनके किसी बेटे को पालकर बड़ा करूँ और दुनिया में उस पर आने वाली परेशानियों से उसकी हिफ़ाज़त करूँ और अपने जान से ज्यादा प्यारे बेटे को इन्हें सौंप दूँ ताकि ये उसपर परेशानियाँ डालें और उसे सताएँ। (अल्लाह की कसम ऐसा कभी नहीं होगा)

मुझे इस बात की कोई परवाह नहीं की मेरे इस अमल की बिना पर लोग मुझे क्या कहेंगे। मैं इन्हें बुलंद आवाज़ में खुलकर बता रहा हूँ, "सिर्फ़ अल्लाह ही मेरा मुहाफ़िज़ है और मेरा मददगार है।"

मैं ये ऐलान करता हूँ की अगर कुरैश में से कोई या लुई बिन ग़ालिब की औलादों में से कोई खड़ा होगा और मुहम्मद रसूलुल्लाह के खिलाफ़ परचम बुलंद करेगा तो हम उससे जंग ज़रूर करेंगे और अल्लाह हमारी मदद और हिफ़ाज़त ज़रूर करेगा।

# 29

# कुफ्फारों को जवाब

الليت خظى من حياطة نصر كم

بان ليس لي نفع لديكم ولا ضر

وسار برحلى فاطر الناب جاشم

ضعيف القصيري لا كبير ولا بكر

من الخور حبحاب كثير رغاوه

يرش على الحا ذين من بوله قطر

تخلف خلف الور د ليس بلاحق

اذا ما علا الفيفاء قيل له وبر


ارى اخوينا من ابينا وامنا

اذا سئلا قال : الى غير نا الامر

بلى لهما امر ولكن تجر جما

كماجر جمت من راس ذى العلق الصخر

اخص خصوصا عبد شمس ونوفلًا

هما نبذ انا مثل ما نبذ الجمر

وماذاك الا سؤ د د خصنابه

اله العباد واصطفا نا له الفخر


هما اغمز اللقوم في اخويهما

فقد اصبحا منهم اكفهما صفر

هما اشر كافي المجد من لا ابا له

من الناس الا ان يرس له ذكر

رجال تما لوا حاسدين وبغضةً

لاهل العلا فبينهم ابدا وتر

وليد ابوه كان عبد الجد نا

الى علجة زرقاء جال بها السحر

• 62 •

وتيم و مخزوم و زهرة منهمو

وكا نوا بنا اولى اذابغيى النصر

وزهرة كانو اولياء ى ونصرى

وانتم اذا تد عون فى سمعكم وقر

فقد شفهت اخلاقهم وعقو لهم

وكا نوا كحفر ببءسما صنعت حفر

فو الله لاتنفك منا عدا وة

ولا منهمو ما دام في نسلنا شفر

Alaa lai'ta haz'zi min hi'yaa ta'ti nas'ri kum
    Bi an lay'sa li nafa ul la'dai kum wa'laa zur'ru
Wa saa'rin bi rah'li faati'ran naabi jaasi'mun
    Zayi'ful qusai'ri laa kabi'rau wa'laa bi ka'ru

Mi'nal khu'wari hab haa'bun kasi'ru ru'gha uo'hu
    Yu'rash shu alaa al'haa zai'ni min bo'lihi qat'ru
Ta khal'lafa khal'fa al war'di lai'sa bi'laa hi'qin
    Izaa maa alaa al fi'faa aa qi'la lahu wab'ru

Ar'aa akha wai'naa min abi'naa wa um'minaa
    Izaa su'yilaa qaa'la : ilaa ghai'ri naa al am'ru
Ba'laa la hu'maa am'ru wa'laa kin ta'jar ja'maa
    Ka'maa jar ja'mat mir'raasi zi'al ala'qis sakh'ru

Akhas'su khu'su san ab'da sham'sin wa'nu fa'lan
    Hu'maa nu'baza a'naa mis'la maa nubi'za al jam'ru
Wa'maa zaa'ka il'laa su'ou da'dun khas'sanaa bi'hi
    Ilaa'hu al ibaa'da was'tafaa naa la'hu al fakh'ru

Hu'maa agh'maza alil qau'mi fi akha'wai hi'mihi'mi
  Fa'qad as'bahaa min'hum akaf'fu hu'maa maa sif'ru
  Hu'maa ash'ra kaa'fi al maj'di mal'laa abaa lahu
  Mi'nan naa'si il'laa aiy'yu ras'sa la'hu zik'ru


Rijaa'lun ta'maa lau haasi'dini wa bagh'zatan
  Li ah'li al ou'laa fa'bai nu'hum aba'dan vit'ru
  Wa li'dun abu'hu kaa'na ab'dan al'li jad'di naa
  Ilaa il ja'tin zar'qaa jaa'la bi'haa as'sihru


Wati'miyo wa makh'zu mi'yo wa zah'ratin min'humu
  Wa kaa'nu bi'naa au'laa izaa bu'ghiya an'nasru
  Wa'zah ra'tin kaa'nu auliyaa'yi wa nasi'ri
  Wa an'tum azaa tud au'na fi sam'yi kum waq'ru


Wa'qad saf'hat akh'laa qu'hum wa uq'wa lu'hum
  Wa kaa'nu ka haf'rin ba bi'samaa sana'at haf'ru
  Fa'wa Al'laahi laa'tan fa'kum min'naa adaa wa'tan
  Wa'laa min hu'mu maa daa'ma fi nas'linaa shaf'ru


मुझे उम्मीद थी की तुम रसूलुल्लाह की मदद व नुसरत करोगे। काश मैंने ये सब पहले ही समझ लिया होता, कुबूल कर लिया होता, मुझे तुम सबसे भलाई की उम्मीद करना ही नहीं चाहिए थी और मेरा सफर मेरी पुरानी सवारी पर जारी है, मेरी सवारी (ऊँट/ऊँटनी) बूढ़ी हो गई है और बुढ़ापे की वजह से उसके पाँव और पसलियाँ कमजोर हो गई हैं और इसी वजह से अब वो चल भी मुश्किल से पाती है।


मेरी ऊँटनी कद में छोटी है, बुढ़ापे की वजह से बीमार और कमजोर है। वो पेशाब भी करे तो उसके पाँव भीग जाते हैं। सफर में वो पीछे छूट जाती है और दूसरों का मुक़ाबला नहीं कर पाती। वो वादियों और पहाड़ों में पीछे छूट जाती है। जब वो खुश्क रेत पर पाँव रखती है तो बिल्ली या किसी छोटे जानवर की तरह लगती है, ऐसा लगता ही नहीं की ये ऊँट है।

बनी नुफैल और अब्दुस शम्स हमारे भाईयों और हमारे कबीले के भाईयों की तरह थे लेकिन जब उनसे रसूलुल्लाह सल्लललाहु अलैहे व आलिही व सल्लम के मुताल्लिक़ मदद माँगी गई तो उन्होंने कह दिया की हमारा इन सबसे कोई लेना देना नहीं। इसमें कोई शक नहीं की इन लोगों ने अपने फायदे के लिए, तिजारत की तर्ज़ पर हमारे खानदान से तआल्लुक़ रखा और जब इनसे मदद माँगी गई तो मुँह के बल ऐसे गिर पड़े जैसे पहाड़ो से पत्थर गिरते हैं।

मैं ये खुलकर कहता हूँ बनी नुफैल और अब्दुस्-शम्स ने हमें ऐसे छोड़ दिया जैसे कोई जलती हुई आग की लपट छूकर छोड़ देता है (यानी छटपटा कर, कुछ ही पल में), हमें छोड़ने की वजह एक ही थी की ये हमसे इस बात पर हसद रखते हैं की अल्लाह ने हमारे कबीले बनी हाशिम को इज़्ज़त बख़्शी और अल्लाह के हबीब मुहम्मद सल्लललाहु अलैहे व आलिही व सल्लम हमारे कबीले में पैदा हुए और तशरीफ लाए।

इन्होंने हमारा साथ देने की कोई कोशिश नहीं की जब हम अकेले और बेसहारा थे। जबकि दूसरे कबीलों की निस्बत ये दोनों कबीले बनी नुफैल और बनी अब्दुस्-शम्स ज्यादा अच्छे और आला समझे जाते थे। इसके बावजूद ये हमारी शराफ़त की बिना पर हमसे हसद रखने लगे और दूर हो गए और अब ये दूरी हम दोनों के दरम्यान हमेशा बाकि रहेगी।

जहाँ तक वलीद की बात है, तो इसके वालिद, हमारे दादा के गुलामों में से एक थे और इसके बावजूद ये जादूई तरीके से ये कुफ्फ़ार ए मक्का की तरफ पलटा और हमारे खिलाफ़ खड़ा हो गया।

बनी तैम (तय्’यीम), बनी मख़्ज़ूम, और बनी जुहरा, ये वो कबीले हैं, क़ुरैश के जो हमसे हसद रखते हैं, इसके बावजूद भी इन्हें चाहिए था की हमारा उस वक़्त साथ देते जब सारी दुनिया हमारे ख़िलाफ़ हो गई थी।

खासतौर पर बनु जुहरा जो हमेशा से हमारे साथी और मददगार रहे हैं। लेकिन अब ये, रसूलुल्लाह मुहम्मद सल्लललाहु अलैहे व आलिही व सल्लम से दुश्मनी रखते हैं और इस वजह से ये हमसे दूर भागते हैं। जब हम इन्हें, पुकारते हैं तो ये नहीं सुनते और ऐसा दिखावा

करते हैं जैसे इन्होंने, हमारी पुकार सुनी ही ना हो।

उदासी पर उदासी। इन कबीलों के अख़्लाक़ीयात, एक दम गिर चुके हैं। हिल्म व इल्म ने इनका साथ छोड़ दिया है। इनकी मिसाल, उन बकरियों और भेड़ों की तरह है जो ख़ुदकी कब्रें खोदने में लगी हैं।

ये रसूलुल्लाह मुहम्मद सल्लललाहु अलैहे व आलिही व सल्लम और हमारी दुश्मनी पर उतारू हो गए हैं।

अल्लाह की कसम! इनके दिलों में हमारे लिए हसद और जलन उस वक़्त तक भी बरकरार रहेगी, जिस वक़्त तक हमारे कबीले का एक भी फर्द बाकि रहेगा।

# 30

# अबु जहल की मज़म्मत

أفيقوا بنى غالب وانتهو

عن البغى فى بعض ذا المنطق

و الا فانيفانى اذا خائف

بوائق فى دار كم تلتقى

تكون لغير كمو عبرة

و رب المغارب والمشرق

كما نال من كان من قبلكم

ثمود و عاد فمن ذابقى

فحل عليهم بها سخطة

من الله فى ضر بة الا زرق

غداة اتتهم بها صر صر

و ناقة ذى العرش إذ تستقى

غداة يعض بعر قو بها

حسا ما من الهند دارو نق

واعجب من ذاك من امر كم

عجائب في الحجر الملصق

بكف الذي قام من حينه

الى الصابر الصادق المتقى

فا يبسه الله في كفه

على رغبه الجائر الاحمق

احيمق مخرو مكم اذغوى

لغي الغواة و لم يصدق

Afi'qu ba'ni ghaali'ban wan'tahu

Ani al bagh'yi fi ba'azi zaa al man'taqiman'taqi
Wa il'laa fa in'ni izaa khaa'yi fun
Ba'waa yi'qa fi daa'ri kum tal ta'qi


Ta'kunu li ghai'ri ku'mu ib'ra tun
Wa rab'bi al ma'ghaa ri'bin wal mash'riqi
Ka'maa naa'la man kaa'na min qab'li kum
Samu'da wa aa'da fa'man zaa'baqi


Fa hal'la alai'him ba'haa su'kh ta'tun
Mi'nal laahi fi zar'bati al az'raqi
Gha'daa tan atat'hum bi'haa sa'ru sa'ra
Wa naa'qatu zil ar'shi iz'tas ta'qi


Gha'daata yu iz'zu bi ur'qu bi'haa
Hu'saa man min'al hin'di zaa'ru na'qi
Wa aja'bu min zaa'ka min am'ri kum
Ajaa'yibu fil haja'ril mul'siqi


Bi kaf'fi al lazi qaa'ma man hai'nuhu
Ilaa as'saa bi'ri as'saa di'qi al mut'taqi
Fa'ay bas'hu allahu fi kaf'fihi
Alaa rugh'bihi al jaa'yiri al ah'maqi


Uo hai'miqi makh'ru mi'kum iz gha'wa
Li ghai'yi al ghu'waati wa lam yas'duqi


ऐ बनी ग़ालिब के लोगों! ग़फ़लत की नींद से बेदार हो और नफ़रत से दूर हो जाओ। मुझे डर है की तुम दर्द और दुखों से ना घिर जाओ। रब उल मश्‌रिकैन और रब उल मग़रिबैन की कसम! तुम लोग मुसीबतों और दुखों में इस तरह घिर जाओगे की ये दूसरों के लिए एक सबक और मिसाल बन जाएगा।

पहले आद और समूद कौम के लोगों की तरह, जो मुसीबतों और परेशानियों में इस तरह घिरे थे की उनमें से एक का जिंदा रह पाना भी मुश्किल हो गया। जब समूद के लोगों ने उस ऊँटनी के पाँव काट दिए जिसे अल्लाह ने भेजा था, जैसे ही वो ऊँटनी पानी पीने के लिए बाहर आई, उन्होंने उसे मार दिया और फिर अल्लाह की तरफ़ से एक भयंकर तूफान आया जिसने इन्हें तबाह कर दिया।

तुम सबका सुलूक़ मुझे हैरत में डालता है, जैसे तुम लोग चिकने पत्थर की तरह हो जिस पर कुछ नहीं ठहरता (यानी बातें फिसल जाती हैं, बातें नहीं सुनते)

अबु जहल! की जिस पर खुद मौत का साया मंडरा रहा है, वो भी ज़ालिम की तरह हो गया है। इसके ज़ालिमाना फितरत का अंदाज़ा इस बात से लगाया जा सकता है की ये पाक और अल्लाह से डरने वाले नेक आदमी (मुहम्मद रसूलुल्लाह) को पत्थर मारना चाहता था।

अल्लाह! उनके (मुहम्मद रसूलुल्लाह) तरफ उठने वाले हाथों को सूखी हड्डी में बदल दे। बनी मख्ज़ूम के इस आदमी में हिकमत नाम की कोई चीज़ नहीं है और इसके दिल में रसूलुल्लाह के लिए नफरत हर वक़्त बढ़ती जा रही है। इसकी बातों और अमल में कोई सच्चाई नहीं है।

# 31

# कुफ्फारे मक्का को जवाब

الا من لهم اخر الليل معتم

طوانى و اخرى النجم لما تقحم

طوانى و قد نامت عيون كثيرة

وسام اخرى قاعد لم ينوم

لاحلام قوم قد ارا دوا محمدا

بظلم و من لا يتقى الظلم يظلم

سعو اسفها و اقتادهم سوء امرهم

على قائل من امر هم غير محكم


رجا امور لم ينالوا نظا مها

و ان تشدوا فى كل بدو و موسم

ترجون منا خطة دون نيلها

ضراب وطعن بالو شيج المقوم

ترجون ان نسخى بقتل محمد

ولم تختضب سمر العوالى من الدام

كذبتم و بيت الله حتى تعرفوا

جما جم تلقى بالحطيم و زمزم


وتقطع أرحام و تنسى حليلة

حليلا و يفشى محرم بعد محرم

و ينهض قوم نى الحديد اليكم

يذ بون عن احسا بهم كل مجرم

و ظلم نبى جاء يد غوا الى الهدى

و امر اتى من عند ذى العرش قيم

هم الاسد اسد الزارتين اذا غدت

على حنق لم يخش اعلام معلم


فيا لبنى قهر افيقوا و لم تقم

تو ا ءح قتلى تد عى بالتندم

على ما مضى من بغيكم وعقوقكم

وغشيا نكم من امرنا كل ما ثم

فلا تحسبونا مسلميه و مثله

اذا كان فى قوم فليس بمسلم

فهذى معا ذير و تقدمة لكم

لكى لا تكون الحرب قبل التقدم


Alaa man la‘hum aakhi’ra al lai‘li ma’tami
    Ta‘waani ukh‘ra an’najmi lam‘maa ta‘qah ha‘mi
    Ta‘waani wa‘qad naa’mat uo‘yunu kasi’ratin
    Wa’saami ukh‘raa qaa’yid lam ya‘nav wa’mi


La ah‘laami qau’min qad araa’du muhammadan
    Bi zul‘miyou wa mal’laa yat’taqi az‘zulma yaz’lami
    Sa‘au safa’han wa aq’taa da‘hum su‘ou amri’himamri’him
    Alaa qaa’yi lim min amri’him ghai’ri muh’kami


Ra‘jaa umu’rin lam ya‘naalu ni’zaa ma‘haa
    Wa in na’shadu fi kul’li bad‘wiyu wa mau’simi
    Tar’juna min‘naa khat’tata du’na nai li‘haali’haa
    Zi‘raabu wa ta’nun bil wa shi‘ji al ma’qau wa’mi


Tar’juna an nas‘kha bi qat’li muhammadin
    Wa‘lam takh’tazib sumu’ru al awaa‘li mi’nad daa‘mi
    Ka’zab tum wa bai’til laa‘hi hat’taa tari’fu
    Ja‘maa ji’ma tul‘qa bil ha’timi wa zam za’mi

Wa'taq ta'ha ar'haamun wa tan'si ha'li la'tun
    Ha'lila wa yuf'sha mah'ra mun ba'da mah'rami
    Wa yan'haza qau'mun ni al hadi'di ilai'kum
    Ya'zub bu'na an ah'saa bi'him kul'la muj'rimimuj'rimi

Wa zul'mu nabiy'yin jaa aa yad'ou ilaa al hu'daa
    Wa am'run ataa min in'di zi al ar'shi qay'yimi
    Hu'mu al asa'du asu'du az'zaara tay'ni izaa gha'dat
    Alaa hana'qin lam yakh'sha alaa'mu mu'limi

Fa'yaa li ba'ni fah'rin afi'qu wa'lam ta'qu
    Na'waayi hun qat'la tad'dayi bit'ta nad'dumi
    Alaa maa ma'zaa min bagh'yi kum wa uo'qu qi'kum
    Wa ghash'yaa ni'kum min am'rinaa kul'li ma aa'simi

Fa'laa tah'si bu'naa mus'li mi'hi wa'mis lu'hu
    Izaa kaa'na fi qau'min fa lai'sa bi mus'limi
    Fa haa'za ma'aa zi'run wa taq'di ma'tan la'kum
    Li'ki laa taku'na al har'bu qab'la at'taqad du'mi

मैं ग़म और फ़िक्र से उस वक़्त तक ढका रहता हूँ जब तक सुबह का तारा ना दिखाई देने लगे। बाकि सब सो रहे हैं लेकिन मैं बैठकर जाग रहा हूँ और रात का आखिरी तारा देख रहा हूँ।

मुहम्मद मुस्तफ़ा के लिए क़ुरैश के, ज़ालिमाना हरक़तों को देखकर और रसूल ए खुदा को नुकसान पहुँचाने के उनके इरादे को सोचकर, मेरी आँखों से नींद गायब है। उन्हें ये याद रखना चाहिए की जो दूसरों को नुकसान पहुँचाने की कोशिश करते हैं, वो भी उस नुकसान से नहीं बच सकते जो उनके अमल की वजह से उनकी तक़दीर में लिखा है। इनकी कोशिशें गलत हैं जो धोखे से भरी हैं और ये ही अमल इन्हें गलत रास्ते की ओर ले जा रही हैं। इनकी तमाम कोशिशों के बावजूद, इनकी ख़्वाहिश कभी पूरी ना हो सकेगी।

ऐ कुरैश के लोगों! तुम हमसे वो लेना चाहते हो जो तुम्हें तेज़ तर्रार तलवारों और बरछियों से ही मिल सकता है। तुम सोचते हो तुम मुहम्मद को क़त्ल कर दोगे! तुम्हें क्या लगता है हम अपनी तलवारों और बरछियों को तुम्हारे खून से लाल नहीं करेंगे?

अल्लाह की कसम! तुम गलत हो और तुम काबा का तवाफ़ करते हुए जाने पहचाने हुए सरों को भी ज़रूर देखोगे। रिश्तेदारियाँ ख़त्म हो जाएँगी , और लोग खानदानी ज़िंदगी और इसकी पाकी और आदाबों को भूल जाएँगे।

बनी हाशिम! मुहम्मद रसूलुल्लाह सल्ललल्लाहु अलैहे व आलिही व सल्लम की दिफ़ा व हिफ़ाज़त के लिए तुम्हारे मुक़ाबले में ज़रूर निकलेंगे। ये बड़े दुख की बात है की ज़ालिमाना हरकतें और और नाइंसाफी से भरे अमल, उस पैग़म्बर के खिलाफ़ किए जा रहे हैं जो तमाम मख़्लूक़ (ख़ासकर इंसानों और जिन्नों) की रहबरी के लिए अल्लाह पैग़ाम लेकर आए हैं।

बनी हाशिम के नौजवान, दहाड़ते हुए शेरों की तरह हैं, जिनके हमले से कोई नहीं बच सकता।

ऐ कुरैश के लोगों! गफ़लत की नींद से बेदार हो और अपनी मौत को दावत ना दो और अपनी औरतों को अपने ऊपर बिखल-बिखलकर रोने (मय्यत पर रोने) की नौबत ना लाओ। हमसे दुश्मनी करना, तुम्हारे लिए गुनाह की तरह है।

कभी ये मत सोचना की हम मुहम्मद को अकेला छोड़ देंगे। जिनके दरम्यान इतना नेक इंसान हो वो लोग, उसे कभी अकेला छोड़ने के बारे में सोच भी नहीं सकते। मैं तुम्हें नसीहत करता हूँ, चेतावनी देता हूँ की जंग के नतीजे के बारे में सोचने से पहले जंग में मत उतरना।

# 32

# उस्मान बिन मा'ज़ून के घायल होने पर

امن تذكر دهر غير ما مون

اصبحت مكتئبا تبكى كمحزون

امر من تذكر اقوام ذوى سفه

يغشون بالظلم من يدعوا الى الدين

لا ينتهون عن الفحشاء ما امروا

و الغدر فيهم سبيل غير ما مون

الا ترون اذل الله جمعهمو

انا غضبنا لعثمان بن مظعون ؟

اذ يلظمون - ولا يخشون - مقلته

طعنا درا گا و ضربا غير مر هون

فسوف نجزيهمو - إن لم يمت - عجلا

كيلا بكيل جزاء غير مغبون


او ينتهون عن الامر الذى وقفوا

فيه و يرضون منا بعد بالسون

و نمنع الضيم من يبغى مضا متنا

بكل مطرد فى الكف مسنون

و مر هفات كان الملح خا لطها

يشفى بها الداء من هام المجا نين

حتى تقر رجال حلوم لها

بعد الصعو بة بالا سماح و اللين

او يؤ منوا بكتاب منزل عجب

علی نبی کموسی او گذی النون
یاتی بامر جلی غیر ذی عوج
کما تبین فی ایات یا سین


Aman ta'zak ku'ru dah'ru ghai'ru ma'muni
    As bah'ta mak'tabaa tab'ki ka'mah zu'ni
    Am'man taz'kur aq'waamu zu'aa sa'fah
    Yagh'shuna biz zula'mi mai yad'ou ilaad di'ni


Laa yan'tahuna anil fah'shaayi maa ami'ru
    Wa al ghad'ra fi'him sabi'la ghai'ra ma'muni
    Alaa ta rau'na azal'la al'laahu jam aa hu'mu
    Anaa gha'zib naa li us'maa nab'ni maz ouni?


Iz yal'zi mu'na wa'laa yakh'shu na muq'la tu'hu
    Ta'nan di'raa gau wa zar'ban ghai'ra mar'huni
    Fa sau'fa naj'zi hi'mu il'lam ya'mutu aji'la
    Kai'laa bi kai'lin ja'zaa an ghai'ra magh'buni


Au yan'tahuna ani al am'ri al'lazi waqi'fu
    Fi'hi wa yar'zuna min'naa ba'du bis'suni
    Wa nam na'ou az zai'ma mai yab'gha ma'zaa mata'naa
    Bi kul'li mut'ta ri'din fi al kaf'fi mas'nuni


Wa mur ha'faatin ka an'na al mali'ha kha lata'haa
    Yush'fa bi'haa ad'daau min haa'mi al ma'jaa ni'ni
    Hat'taa tu'qar ra ri'jaa lun hu'luma la'haa
    Ba'da as'sau ba'ti bil is'maahi wal lai'ni


Au yu'minu bi ki'taabim mun'zalin aja'bin
    Alaa nabiy'yin ka mu'saa au ka'zi an'nuni
    Ya'ti bi am'rin ja'li yin ghai'ri zi yiwa'jin

Ka'maa ta'bai ya'na fi aa'yaati yaa si'ni

ऐ सहाबी ए रसूल! आप, रसूलुल्लाह के लिए लोगों के बदलते हुए रवैये को देखकर दुखी और परेशान लग रहे हैं। और उनका हक़ को नज़रअंदाज़ करना व हक़परस्तों को सताना, हक़ीक़ी दीन की तब्लीग़ करने वालों के लिए सख़्त हालात बना रहा है। अल्लाह उन्हें रुसवा करे।

क्या इन्हें ये बात समझ नहीं आती की क़ुरैश से हमारी नाराज़गी, उनके घटिया रवैया के लिए है। उन्होंने उस्मान बिन मा'ज़ून के साथ क्या किया?, ये कितने दुख की बात है की उन्होंने उस्मान को बहुत बुरे तरह से मारा है की इसकी आँखें बुरी तरह से चोटिल हुई हैं। क्या उन्हें ये बात समझ नहीं आती की अगर वो इस तरह के रवैये से बाज़ नहीं आए तो अनक़रीब है वो वक़्त की वो हमारे गुस्से से सामना करेंगे और हमारा गज़ब, तलवार और बरछियों की सूरत में सामने आएगा?, अगर वो जिंदा बच गए तो उन्हें अपने हर एक बदअमल का हिसाब भी देना पड़ेगा और फिर देखना की हम किस तरह उनके ज़ालिमाना आमाल का बदला लेते हैं।

जब तक ये अपने सोचने का तरीका नहीं बदल लेते और ज़ुल्म व दूसरों को दबाने के रास्ते को नहीं छोड़ देते तब तक ये ज़िल्लत और तबाही का शिकार होते रहेंगे। जो कोई भी हमारे खिलाफ़ ज़ुल्म और बग़ावत करे तो उसे याद रखना चाहिए की हम बागियों और ज़ालिमों को अपने हाथों, चमकती तलवारों और बरछियों से रोकते हैं। ये चम-चमाती तलवारें इनके घूमे हुए दिमाग़ों पर आसानी से इंसाफ फराहम करेंगी। बेशक, अगर ये जाहिल और घमंडी लोग, हमारी सच्ची नियत को जान लें और समझ लें तब उन्हें हमारा पैग़ाम ए हक़ और पैग़ाम ए इंसानियत समझ आएगा।

अगर वो अल्लाह की किताब में बयान हुई सच्चाई को कुबूल कर लें, जो बेशक, आयत और वही की सूरत में, अल्लाह ने ही नुज़ूल की है। ये वही, मुहम्मद रसूलुल्लाह सल्लललाहु अलैहे व आलिही व सल्लम उसी तरह उतरती हैं जैसे मुहम्मद रसूलुल्लाह के पहले, अल्लाह के रसूल मूसा अलैहिस्सलाम और बाकि रसूलों पर उतरती थीं, तो उन्हें हक़ का नूर साफ दिखाई देगी। इन किताबों में कोई इख़्तिलाफ़ नहीं है जैसा की सूरः यासीन में रब ने बयान किया है। तभी वो बदला लेने की नियत से बच सकेंगे।

# 33

# शु'ब अबु तालिब की ज़िंदगी

जब क़ुरैश के लोगों ने और क़बीलों ने, रसूलुल्लाह सल्लललाहु अलैहै व आलिही व सल्लम, बनी हाशिम और हज़रत अबु तालिब से तआल्लुक़ तोड़ लिए और उन्हें सताने के लिए तरह-तरह की साज़िशें रचने लगे तब आप हज़रत अबु तालिब अलैहिस्सलाम, अपने भतीजे और अपने घराने को लेकर, मक्का से बाहर पहाड़ियों के बीच बनी एक जगह में रहने लगे, जिसे शु'ब अबु तालिब (शोबा ए अबु तालिब) कहा जाता है।

تطا ول ليلى بهم وصب

ودمع كسح السقاء السرب

للعب قصى باحلا مها

وهل يرجع الحلم بعد اللعب

ونفى قصى بنى هاشم

كنفى الطهاة لطاف الخشب

وقول لاحمد: انت امرء

خلوف الحديث ضعيف السبب


وان كان احمد قد جاء هم

بحق و لم ياتهم با لكذب

على ان اخوا ننا و ازروا

بنى هشم وبنى المطلب

هما اخوان كعظم اليمين

امر اعلينا بعقد الكرب

فيال قصى الم تخبروا
بما حل من شئون فى الكرب


فلا تمسكن بايد يكمو
بعيد الانوف بعجب الذنب
ورمتم باحمد مارمتمو
على الا صرات وقرب النّسب
الام الام تلا قيتمو
بامر مزاج وحلم عزب؟
زعمتم بانكم جيرة
وانكمو اخوة فى النّسب


فكيف تعا دون ابناء ه
و اهل الد يا نة بيت الحسب
فانا ومن حج من راكب
وكعبة مكة ذات الحجب
تنالون احمد او تصطلوا
ظباة الرماح وحد القضب
وتعتر فوا بين ابيا تكم
صدور العوالى وخيلا عصب


اذ الخيل تجزع فى جريها
بسير العنيق وحث الخبب
تراهن من بين ضافى السبيب
قصير الحزام طويل اللبب
وجرداء كالظبى سيمو حة
طواها النقا ئع بعد الحلب
عليها كرام بنى هاشم
هم الا نجبون مع المنتخب


Ta'taa wa'la lai'li bi ham'min wa sab
   Wa da'ma un ka'sah hi as si'qaa yin as'sa rab
   La la'bi qu'siy yin bi ah'laa mi'haa

Wa hal yar ji'ou al hil'mu ba'da al la'yib


Wa naf'yi qu'sai yin ba'ni haashi'min
Ka naf'yi at tu'haati li'taafa al kha'sha ba
Wa qau'lin li ah'mada an'ta am'ra un
Kha lu'fu al hadi'si zayi'fu as saba'ba


Wa in kaa'na ah'madu qad jaa aa'hum
Bi haq'qin wa lam ya'ti him bi al ka'zib
Alaa an'na ikh'waa na'naa wa aza'ru
Ba'ni haashi'min wa ba'ni al mut'talib


Hu'maa akha'waani ka'azim al ya'mini
Aa mar'raa alai'naa bi aq'di al kura'ba
Fa yaa'li qu'sai yin alam takh'biru
Bi'maa hal'la min shu'ou nin fi al kura'ba


Fa'laa tum'si kun'na bi ay'di ku'mu
Bi yi'da al unu'fi bi aj'bi az'zanaba
Wa rum'tum bi ah'mada maa rum'tumu
Alaa al asi'raati wa qur'bi an na'saba


Ilaa'ma ilaa'ma ta'laa qai'tumu
Bi am'rin mi'zaajin wa hul'min aza'ba?
Za am'tum bi an'na kum ji'ra tun
Wa an'na ku'mu ikh'wa tun fi an na'saba


Fa kai'fa ta'aa du'na ab'naa aa'hu
Wa ah'la ad'diyaa na'ti bai'ta al ha'saba
Fa in'naa wa'man haj'ja min raa'ki bin
Wa ka'batu mak'kati zaa'ti al hu'juba

Ta'naa lu'na ah'mada au tas'tulu
  Zu'baata ar ri'maahi wa had'da al qa'ziba
  Wa'ta ta'rifu bai'na ab'yaa ti'kum
  Su'duru al awaa'li wa khai'lan asi'ba


Izi al khai'lu taj'zau fi jar yi'haa
  Bi sai'ri al ani'qi wa has'si al khu'bab
  Ta'raa hun'na min bai'ni zaa'fi as sa'bibi
  Qa'sira al hi'zaami ta'wila al laba'ba


Wa jar'da aa'kaz zab'yi sai'mu ha'tin
  Tu waa'haa an na'qaayi ha bi'da al ha'laba
  Alai'haa ki'raamu ba'ni haashi'min
  Hu'mu al an'ja bu'na ma'hu al mun'ta qa'ba


मेरे दिल की गहराईयों तक ग़म उतर गया है जिससे मेरी रातें लम्बी होती जा रही हैं। मेरी आँखों से आँसू इस तरह टपक रहे हैं, जिस तरह मश्कीज़े के खुले हिस्से से पानी टपकता है।


कुसई की औलादों ने हमें मक्का से निकलने पर मजबूर किया और ये घटिया अमल उन्होंने अपनी बर्बाद होते और मिटते ज़हन के मुताबिक किया है। क्या इन्हें अब भी ऐसा लगता है की इनके इस बदअमल के बाद भी, इनके पास दानिशमंदी फिर से लौटकर वापिस आएगी?


कुसई खानदान ने, बनी हाशिम खानदान को बिखेर दिया, जैसे मिट्टी के चूल्हे पर लकड़ी के छोटे-छोटे टुकड़े अलग कर के बिखेर दिए जाते हैं। ये लोग मेरे भतीजे से कह रहे हैं कि, तुम्हारे बताए पैग़ाम, वक़्त की बर्बादी से ज्यादा और कुछ नहीं हैं। ये इलज़ाम, बेतुका और गलत है।


मुहम्मद सल्लललाहु अलैहे व आलिही व सल्लम ने इन्हें सिर्फ़ हक़ का पैग़ाम दिया है और इसके अलावा कोई पैग़ाम नहीं दिया। हक़ीक़त में तो बनी हाशिम ने और खानदान ए अब्दुल मुत्तलिब ने बस हमारा साथ दिया है। ये हमारे भाई हैं और हमारे दाएँ/सीधे हाथ की तरह हैं।

(यानी हमारी हिम्मत और ताकत हैं।), जब हमें बागियों ने घेर लिया तो ये ही थे जिन्होंने हर मुमकिन तरह से हमारी मदद की।


ऐ कुसई के लोगों! क्या तुम नहीं जानते की हम सभी अरब के बाशिंदे इस वक़्त सख़्त दौर और हालात से गुजर रहे हैं?, तुम, हमारे कबीले के ख़ास लोगों में से हो। उनकी तरफ मत जाइए की जिनके अपने कोई उसूल ही नहीं हैं। ये बहुत दुख की बात है की मेरे भतीजे मुहम्मद की जिसका नाम अहमद भी है, के लिए, आपका सुलूक़ और रवैया बहुत खराब रहा है जबकि आप अपने खानदान का शज़रा देखें तो वो आपका भी क़रीबी ही है।


आखिर कितने वक़्त तक तुम हक़ का इंकार करोगे और हक़ को क़ुबूल करने में ना-क़ाबलियत ज़ाहिर करोगे?, जबकि तुम उसके पड़ोसी भी हो और रिश्ते में भाई भी लगते हो। तुम इस दुश्मनी को कैसे बरकरार रख सकते हो जबकि खानदान के ऐतबार से, वो तुम्हारा अपना क़रीबी है। हम और जो भी अल्लाह के घर का तवाफ़ करने के लिए यहाँ आते हैं, वो सब गिलाफ़ ए काबा के क़रीब हैं।


याद रखना, अगर तुम मुहम्मद को नुकसान पहुँचाने की कोशिश करोगे या उसे ग़मगीन करने की कोशिश करोगे तो तुम्हें हमारे भालों और तलवारों का सामना करना होगा। तुम हमारे घोड़ो के नीचे कुचला जाओगे और हमारे भाले और तलवारें तुम्हें चकनाचूर कर देंगी, मिटा देंगी।


जंग में ये ही नतीजा निकलता है जब घोड़े, अपने दुश्मनों पर फ़ातेह की तरह चढ़ जाते हैं। तुम सभी, हमारे घोड़ों की ऊँची गर्दनें, और पूँछ देखोगे। तुम उनके छोटे कदम से चलने का अंदाज़ और चौड़े सीने देखोगे। ये घोड़े खूबसूरत हिरण की तरह दौड़ते हैं और इनके सीनों पर छोटे-छोटे बाल हैं। इनपर सवार होने वाले (घुड़सवार), बनी हाशिम खानदान से होंगे, जो शरीफ़, साबितकदम, रहमदिल और बहादुर हैं।


वो बड़े ही शुजाअत वाले होंगे और जंग के मैदान में अल्लाह के रसूल, मुहम्मद सल्ललल्लाहु अलैहे व आलिही व सल्लम के साथ खड़े दिखेंगे।

# 34

# कुरैश का बुरा सुलूक़

जब कुरैश के लोगों के दिलों में रसूल ए खुदा मुहम्मद सल्लललाहु अलैहे व आलिही व सल्लम के लिए दुश्मनी और बुग़्ज़ बढ़ता गया तो उन्होंने मुहम्मद रसूलुल्लाह के साथ-साथ पूरे बनी हाशिम खानदान से भी तआल्लुक़ ख़त्म कर लिए और उनकी मुख़ालिफ़त में खुलकर सामने आने लगे।

हज़रत अबु तालिब ने हज़रत मुहम्मद सल्लललाहु अलैहे व आलिही व सल्लम और पूरे परिवार से कहा कि अब हमें, कुफ्फारे मक्का की नियतों और चालों को देखते हुए, मक्का से बाहर रहना चाहिए। फिर बनी हाशिम, जिस जगह पर आकर रहने लगे वो शु'ब/शोबा अबु तालिब के नाम से मशहूर है। यहाँ पर आप सबको सख़्त मुश्किलों का सामना करना पड़ा, ख़ासकर सरकार अबु तालिब को क्योंकि आपको हर वक़्त मुहम्मद रसूलुल्लाह की हिफ़ाज़त की फिक्र लगी रहती थी और कुरैश आपको माली और सियासी तौर पर भी कमजोर करने की फिराक़ में लगा रहता था।

हज़रत अबु तालिब, रातों में पहरा दे-देकर तो कभी रात के पहरों में रसूलुल्लाह की सोने की जगह बदल-बदलकर, पहरा देते और कुरैश के हर वार से रसूलुल्लाह को बचा लेते। अफसोस की मौलवियों ने अल्लाह के इस नेक व आला किरदार बंदे को भी काफिर कहने में गुरेज ना किया की जिसने अपनी तमाम ज़िंदगी रज़ा ए इलाही, दीन ए इस्लाम, हक़ और रिसालत की हिफ़ाज़त के लिए वक़्फ़ कर दी और अल्लाह के हबीब से सबसे ज्यादा मुहब्बत की।

اصبرن يابنى فالصبر احجى

كل حى مصيرة لشعوب

قد بلى الصبر البلاء شديد

لفداء الحبيب وابن الحبيب

النّبى الاغر ذى الحسب الثا

قب والباع والكريم النجيب

ان تصبک المنون فالنّبل تترى

فمصيب منها وغير مصيب

كل حى وان تملى لعمر

اخذ من مذ قها بنصيب

Is'bi ran'na yaa bu'naiy ya faa as sab'ru ah'jaa aa

    Kul'lu hai'yin masi'ruhu li'shu ou'bi

    Qad ba'laa as sab'ru al ba'laau sha'di dun

    Li fi'daayin al habi'bi wab'ni al habi'bi

    An'nabiy yi al aghar'ri zi al hasa'ba as'saa

    Qi'bi wal baa'yi wal kari'mi an naji'bi

    In tu'sib ka al manu'nu fan nub'lu tat'ra aa

    Fa musi'bum min'haa wa ghai'ru mu'sibi

    Kul'lu hai'yin wa in ta'mallaa li um'rin

    Aa'khi zum mim ma'za qu'haa bi nasi'bi

ऐ मेरे बेटे मुहम्मद! सब्र से काम लो। सब्र ही वो हथियार है जो हमें इन मुसीबतों से निज़ात दिला सकता है और जहाँ तक मौत का सवाल है तो मौत तो हर एक को आनी है।

ऐ मेरे बेटे! इस बात में शक की गुंजाइश नहीं की ये तुम पर रब की बड़ी आज़माइश है और हम सब पर भी ये रब की आज़माइश ही है। ये बात भी हक़ है की जब ये आज़माइश का मक़सद, किसी तुम जैसे बेशकीमती शख़्स की जान बचाने के लिए हो तो फिर सब कुछ कुबूल है। (यानी जान कुर्बान करना, मुसीबत झेलना वगैरह)

मुहम्मद सबसे अज़ीज़ है और ये हमारे सबसे अज़ीज़ यानी हज़रत अब्दुल्लाह का बेटा है।

पैग़म्बर मुहम्मद की जिनकी पेशानी नूर से चमकती है, उनका ये मकाम सिर्फ़ इसलिए नहीं है की वो एक इज़्ज़तदार व शरीफ़ खानदान से हैं बल्कि उनका मकाम हम सबमें इज़्ज़त व मुहब्बत के ऐतबार से सबसे ज्यादा आला है और आपका ये मकाम इसलिए है क्योंकि आप मुहम्मद सल्लललाहु अलैहे व आलिही व सल्लम हम सबमें सबसे ज्यादा अल्लाह को महबूब हैं।


अगर मुझे आप मुहम्मद रसूलुल्लाह के लिए अपनी जान की कुर्बानी भी देनी पड़ी, तो तीरों को मुझपर निशाना लगाने दो। ये कोई बड़ी बात नहीं की आपकी हिफ़ाज़त के लिए हम में से कई घायल हो जाएँ या घायल होने से बच जाएँ। कोई भी इंसान हो, जो भी दुनिया में आएगा ज़िंदगी जीते हुए दुनिया से गुजरेगा, उसकी ज़िंदगी कितनी ही लंबी क्यों ना हो लेकिन आखिर में उसे मौत का मज़ा चखना ही होगा। अगर मौत ही दुनिया की आखरी मंज़िल है तो इससे बेहतर बात और क्या होगी की एक शख़्स, हक़ और सच के लिए अपनी जान दे दे।

# 35

# कुरैश का मुआहिदा

الامن لهم اخر الليل منصب
وشعب العصا من قومك المتشعب
وحر بى اراها من لؤى بن غالب
متى ماتزا حمها الصحيحة لحرب
اذا قا ئم فى القوم قام بخطة
اقاموا جميعا ثم صا حوا واجلبوا
وما ذنب من يدعو الى الله وحده
ودين قديم اهله غير خيب ؟


وما ظلم من يدعو الى البر والتقى
ورأب الثاى فى يوم لا حين متعب؟
وقد جربو افيما مضى غب امرهم
وما عالم أمر اكمن لم يجرب
وقد كان فى امر الصحيفة غبرة
أتاك بها من عائب متعصب
محا الله منها كفرهم وعقو قهم
وما نقموا من صادق القول منجب


فاصبح ماقالوا من الامر باطلًا
ومن يختلق ماليس بلحق يكذب
فامسى ابن عبد الله فينا مصد قا
على ساخط من قومنا غير معتّب
فلا تحسبو نا خاذلين محمدا

لذى غربة منا ولا متقرب
ستمنعہ منايد ها شمية
مركبها فى المجد خير مركب


وينصرہ الله الذى هوربہ
باهل العقير او بسكان يثرب
فلا والذى يخدى له كل مرتم
طليح بجنبى نخلة فالمحصب
يمينا صد قنا الله فيها ولم نكن
لنحلف بطلا بلعتيق المحجب
نفارقة حتى نصرع حوله
وما بال تكذيب النبى المقرب؟


فياقو منا لا تظلمونا فاننا
متى ما نخف ظلم العشيرة تغضب
وكفو الايكم من فضول حلو مكم
ولا تذهبو امن را أيكم كل ملهب
ولا تبد وو نا بالظلامة والأذى
فنجزيكمو ضعفا مع الام والأب


Alaa‘man li ham’min aa‘khiri al lai’li man’sabi
    Wa sha‘bi al asaa’min qau‘mika al muta’shai yi‘bi
    Wa har‘bi araa’haa min lu‘wa bi’ni ghaa‘libi
    Ma’taa maa tu’zaa himu‘haa as’sahi ha’tu li har’bi


Izaa qaa‘yi mun fi’al qau‘mi qaa’ma bi qut’ta tin
    Aqaa‘mu ja’mi an sum’ma saa’hu wa aj‘labu
    Wa’maa zan‘bu mai yad’ou ilaa al‘laahi wah da’hu
    Wa di‘nin qadi’min ah‘luhu ghai’ru khuy‘yabi ?


Wa’maa zul‘mu mai yad’ou ilaa al bir‘ri wat’tuqaa
    Wa’raabu as’saayi fi yau‘min laa hi’na muta‘abi?

Wa'qad jar'rabu afi'maa ma'zaa ghib'ba amri'him
Wa'maa aali'mun ama'ran aka mal'lam yu'jar ri'bi


Wa'qad kaa'na fi am'ri as'sahi fa'ti ghib'ra tin
Ataa'ka bi'haa min aayi'bi mu'ta as'sibi
Ma'haa al'laahu min'haa kaf'ra hum wa ou'qu qa'hum
Wa'maa na'qumu min saa'diqi al qau'li mun'jibimun'jibi


Fa as'baha maa qaa'lu min al am'ri baa'ti lan
Wa'mai yakh'taliq maa lai'sa bil haq'qi yak'zibi
Fa am'sa ab'nu ab'dil laahi fi'naa mu'sad di'qan
Alaa saa'qi tim min qau'minaa ghai'ri mu'tabi


Fa'laa tah'si bu'naa khaa'zi li'na muhammadan
Li'zi ghur'batim min'naa wa'laa mu'ta qar'ribi
Sa'tam na'ouhu min'naa yada'haa shi'miy ya'ta
Mu'rak kabu'haa fi al maj'di khai'ru mu'rak ka'bi


Wa'yan su'ruhu al'laahu al'lazi hu'wa rab'buhu
Bi ah'li al ou'qiri au'bi suk'kaani yas'rabi
Fa'laa wal'lazi yakh'daa la'hu kul'la mur'tamin
Tali'hin bi janu'bi nakh'latin fa la'mu has'sabi


Yaami'nan sadaq'naa al'laaha fi'haa wa'lam na'kun
Li nah'lifa but'lan bil ati'qi al mu'haj jabi
Nu'faa riqu'hu hat'taa nu'sar ra'aa hau'lahu
Wa'maa baa'lu tak'zibi an'nabiy yi al muqar'rabi?


Fa'yaaqu ma'naa laa taz'lamu naa fa in'na naa
Ma'taa maa na'khaf zul'ma al ashi'rati nagh'zabi
Wa kuf'fu ilai'kum min fu'zuli hu'lu mi'kum
Wa'laa taz ha'bu mir'raa ayi'kum kul'la mal ha'bi

Wa'laa tab'dau naa biz'zulaa mati wal azaaza
Fa naj'zi ku'mu zi'fan ma'ha al um'mi wal abi

रात के ढलते-ढलते मैं, कबीलों की तरदीद के बारे में सोचकर फिक्रमंद था। क़ुरैश ने बनी हाशिम के साथ नाइंसाफ़ी की है। मैं समझता हूँ की बनी हाशिम से तआल्लुक़ कता कर देने की वजह से ही, क़ुरैश कबीले में ग़ैरअख़्लाक़ी और बदअख़्लाक़ी बढ़ रही है। अब नौबत यहाँ तक आ चुकी है की पहले जो लोग इन सबसे बचे हुए थे अब वो भी इसकी चपेट में आ गए हैं।

वो भी क्या वक़्त था की जब अल्लाह के पैग़म्बर ने उन लोगों को हक़ दीन ए इस्लाम की तरफ़ दावत दी तो ये सारे आप पैग़म्बर ए खुदा के खिलाफ़ खड़े हो गए और आप पर चिल्लाने लगे और आप (रसूलुल्लाह) को ख़ामोश कर देना चाहते थे। गौरतलब है की ये लोग उस शख़्स को नुकसान पहुँचा रहे हैं जो उन्हें, तौहीद की तरफ़ बुला रहा है। और उसकी गलती इसके सिवा क्या है की वो उन्हें सच्चा रास्ता दिखाने की कोशिश कर रहा है?

ये लोग दीन ए इब्राहीम के बारे में जानते हैं और हमारे पैग़म्बर रसूलुल्लाह सल्लललाहु अलैहे व आलिहि व सल्लम भी उन्हें ठीक उसी तरह हक़ दीन ए अल्लाह की तरफ़ बुला रहे हैं, जिस तरह इब्राहीम अलैहिस्सलाम ने बुलाया था।

उस वक़्त और दौर में की जब चारों ओर बुराई और गलत चीज़ें फैल रही हैं और आम हो रही हैं, जिसने लोगों को तक़्वा और अल्लाह की तरफ बुलाया उसने कोई गलती नहीं की। फिर भी लोगों ने उस शख़्स (मुहम्मद रसूलुल्लाह) पर हक़ की तरफ बुलाने की वजह से मुसीबतें डालीं और उसे सताया। इन्हें याद रखना चाहिए की इन्होंने खाना ए काबा के अंदर जो घिनौना मुआहिदा किया है और उसे अंदर ही लटका दिया था, उसका नतीजा क्या निकला की वो दस्तावेज तो चींटियों ने खा लिया है, सिवाय नाम ए खुदा के उस कागज़ में कुछ बाकि नहीं बचा।

अल्लाह रब उल इज़्ज़त ने हम सबको अपनी ताक़त और अपने रसूल मुहम्मद सल्लललाहु अलैहे व आलिहि व सल्लम की सदाक़त दिखाई है। इतनी खुली निशानी देख लेने के बावजूद, क़ुरैश के लोगों ने रसूल ए खुदा से दुश्मनी नहीं छोड़ी। जो झूठी और गलत अफ़वाहें, दुश्मनाने

रसूल ने फैलाई थीं वो वो गलत साबित हुईं। इससे ये बात वाज़ेह हुई की जो भी इस तरह के झूठ गढ़ता है, वो इसी तरह से शिकस्त खाता है।

अब्दुल्लाह का बेटा, मुहम्मद (सल्लललाहु अलैहे व आलिही व सल्लम आखिर), आखिरकार तक्वेदार और सादिक़ साबित हो गया और अल्लाह के रसूल के खिलाफ़ फैलाई गई हर बात और अफवाह, झूठी साबित हुई। तुम्हें कभी भी गलती से भी ये नहीं सोचना चाहिए की हम अल्लाह के रसूल मुहम्मद सल्लललाहु अलैहे व आलिही व सल्लम को अकेला छोड़ देंगे। चाहे हम दूर हों या पास, हम मुहम्मद के साथ हैं। बनी हाशिम के बहादुर नौजवान, हमेशा ही रसूल ए खुदा की नुसरत व हिफ़ाज़त करेंगे। अल्लाह ने हमें तक्वे और शराफत से नवाज़ा है। और वो रब, सच का साथ देने वालों और तक्वेदार लोगों का सबसे बेहतरीन मददगार है।

वो अल्लाह ही है जो हमारी देखभाल व हिफ़ाज़त करता है। वो अल्लाह ही सच का साथ देने वाले लोगों को हिदायत देगा की वो मुहम्मद रसूलुल्लाह की मदद व नुसरत करें, चाहे वो बहरैन के हों या मदीना के। मैं उस सच्चे मुहाफिज़ की कसम खाता हूँ! मक्का की वादियों में रहने वाले, मुहसिब में रहने वाले और यहाँ से नज़दीक़ व दूर की ज़मीनों में रहने वाले, उसके सामने अदब से खुदको वक़्फ़ करेंगे और उसका साथ देंगे। हम उन लोगों में से नहीं जो खाना ए काबा और अल्लाह के घर की बेवजह कसमें खाएँ। जब हम अल्लाह की कसम खाकर, कुछ ऐलान करते हैं तो अल्लाह खुद हमारे आमाल की गवाही देता है और हमारी मदद करता है।

अल्लाह की कसम! हम मुहम्मद का साथ कभी, किसी हाल में नहीं छोड़ेंगे, चाहे हमें इस काम के लिए अपनी जानों की कुर्बानी ही क्यों ना देनी पड़े। उन लोगों को क्या हो गया है जो अल्लाह के रसूल के सदाक़त भरे पैग़ामों को झुठलाते हैं?

ऐ हमारे कुरैश कबीले के लोगों! हम पर ज़ुल्म ना करो। अगर तुम्हारे ज़ुल्म करने की हद हो गई तो हमें मजबूरन अपने ही कबीले के लोगों के खिलाफ़ खड़ा होना पड़ेगा। और हमारे गुस्से को झेल सकने की हिम्मत भला किसमें है?

ये गलत और बेमतलब की उम्मीद और ख़्वाबों को छोड़ दो। (यानी तुम कितना ही सोच लो पर मकसद ए रसूलुल्लाह को नहीं मिटा सकोगे और ना हक़ आम होने से ही रोक सकोगे।), ऐसी बेकार की चीज़ों के बारे में ना सोचो।

ऐ क़ुरैश के लोगों! हमारे साथ गुस्से और नाइंसाफ़ी के साथ पेश ना आओ और हमें तकलीफ़ और नुकसान देने के रवैये को भी छोड़ दो। अगर तुमने नाइंसाफी भरे रवैये को ना बदला और अपनी हरकतों से बाज़ ना आए तो हम तुम्हें तुम्हारे किए का अंजाम ज़रूर दिखा देंगे, भले ही तुम हमारे क़रीबी और रिश्तेदार हो लेकिन हम तुम्हें बदले का दोहरा मज़ा चखाएँगे।

........................

तारीख़ की किताबों में भी ये वाक्या मिल जाता है। रसूलुल्लाह सल्लललाहु अलैहे व आलिही व सल्लम की मुख़ालिफ़त करने के लिए क़ुरैश के लोगों ने आप रसूलुल्लाह और बनी हाशिम से तआल्लुक़ तोड़ दिए और आपका बहिष्कार किया यानी boycott किया। जिससे हज़रत अबु तालिब के परिवार पर मुसीबत ओ परेशानी आ गई। ये भी रब ए काबा का बड़ा इम्तिहान था।

क़ुरैश के लोगों ने एक मुआहिदा लिखा और उसपर क़बीले के बड़े-बड़े जिम्मेदारों ने दस्तखत किए और मोहर लगाए और फिर उन दस्तावेज को खाना ए काबा के अंदर लटका दिया। ये अश्शार सरकार अबु तालिब ने, इसी दौरान कहे थे और ये मुश्किल भरा वक़्त, तीन साल तक रहा और बाद में अल्लाह रब उल इज़्ज़त ने मोजज़ा दिखाया और उन दस्तावेज को चीटियाँ खा गईं सिवाय नाम ए अल्लाह के। यानी उन दस्तावेज में सिर्फ़ अल्लाह का पाक नाम लिखा रहा बाकि हिस्सा चीटियों ने खा लिया। इस तरह ये मामला ख़त्म हुआ।

अल्लाह की कसम! अल्लाह ही वाहिद ओ अहद रब है की जिसने पंजतन को भी ख़ल्क़ किया और मेरा अल्लाह ही, रब ए काबा है और खालिक़ ए अकबर है। सलाम हो अल्लाह के रसूल पर, रसूलुल्लाह के अजदाद पर और रसूलुल्लाह की आल पर। अल्लाहुम्मा सल्ले अला मुहम्मद व अला आले मुहम्मद।

# 36

# कुरैश के मुआहिदे का ख़ात्मा

ये अश्शार, हज़रत अबु तालिब ने, हबश/हब्श/Abyssinia/Ethiopia की तरफ कूच करके जाने वाले और वहाँ बस जाने वाले अपने क़रीबियों को ख़त में लिखकर दिए थे। इसमें हज़रत अबु तालिब ने कुरैश के लिखे मुआहिदे के कागज़ात के बारे मे लिखा है की किस तरह अल्लाह ने अपना मोजज़ा दिखाया और उनके कागज़ात को चींटियों ने खा लिया सिवाय नाम ए खुदा के की अल्लाह का नाम बाकि रहा।

الا هل اتى بحر ينا صنع ربنا

على نأيهم، والله بالنا ارود؟

فيخبر هم الصحيفة مزقت

وان كل مالم يرضه الله مفسد

ترا وحها افك وسحر مجمع

ولم يلف سحر اخر الدّهر يصعد

تد اعى لها من ليس فيها بقر قر

فطائر ها فى رأسها يتردد

وكانت كفاء وقعة با ثيمة

ليقطع منها سا عد ومقلد

ويظعن اهل المكتين فيهر بوا

فرا نضهم من خشية الشر ترعد

ويترك حراث يقلب امره

أيتهم فيها عند ذاك وينجد ؟

وتصعد بين الا خشبين كتيبةٌ
لها حدج سهم وقوش ومرهد


ومن ينش من خضار مكة عزة
فعز تنا فى بطن مكة افلد
نشا نا بها الناس فيها قلائل
فلم ننفكك نزداد خيرا ونهمد
ونطعة حتى يترك الناس فضلهم
إذا جعلت ايدى المفيضين ترعد
جزى الله رهطا بالحجون تتا بعوا
على ملا تهدى لحزم ويرشد


قعود الذى حطم الحجون كا نهم
مقاولة بل هم اعز وامجد
اعان عليها كل صقر كا نه
اذا ما مشى فى رفرف الدرع اجرد
حرى ء على جلى الخطوب كأنه
شهاب بكفى قابس يتو قد
من الاكرمين فى لؤى بن غالب
اذا سيم خشفاً وجهه يتر بد


طويل النجاد خارج نصف ساقه
على وجهه يسقى الغمام ويسعد
عظيم الرماد سيد وابن سيد
يحض على مقرى الضيوف ويحشد
ايبنى الابناء لعشيرة صالحا
اذا نحن طفنا فى البلا د ذيمهد
الظ بهذا الصلح كل مبرا
عظيم اللواء آمرة ثم يحمد


قضو اما قضوا فى ليلهم ثم اصبحوا
على مهل وسا ئر الناس رقد

هم و رجعوا اسهل ابن بيضاء راضيا
وسر ابو بكر بها ومحمد
متى شرك الأقوام فى جل امر نا
وكنا قديما قبلها نتودد
وكنا قد يما لا نقر ظلامةً
وند رك ما شئننا ولا نتشد د؟

فيا يقضى هل لكم فى نفوسكم
وهل لكمو فيما يجى ء به الغد؟
فانى و ايا كم كما قال ءل
لديك البيان لو تكلمت اسود

Alaa hal ataa bah'rai ya'naa sun'hu rab'binaa
    Alaa nayi'him, wal'laahu bi an'nayi ar'wadu?
    Fa'yukh bi'ra hum as'sahi fata muzi'qat
    Wa an'na kul'lu maa'lam yar'zahu al'laahu muf'sidu

Ta'raa waha'haa if'kau wa sih'rum mu'jam ma'ha
    Wa'lam yu'lafa sih'ra aakhi'ra ad dah'ri yas'adu
    Tada'aa la'haa mal lai'sa fi'haa bi'qar qa'rin
    Fa'taayi ru'haa fi'ra si'haa ya'ta rad'dadu

Wa kaa'nat ki'faa au waq'atan ba asi'matin
    Li yuq'taha min'haa saa'yidu wa muqal'ladu
    Wa yaz'anu ah'lu al mak'ka tai'ni fa yah'rabu
    Fa'raayi su'hum min khash'yati ash shar'ra tur adu

Wa yut ra'ka har'raasu yu qal'libu am ru'hu
    Aa yut'himu fi'haa in'da zaa'ka wa yun'jidu
    Wa'tas adu bai'na al akh'sha bai'na kati'batan
    La'haa ha'da jun sah'mun wa qau'sun wa mir ha'du

Wa mai yan'sha min khuz zaa'ri mak'kata iz'zuhu
    Fa iz'zat naa fi bat'ni mak'kata af'ladu
    Na'sha naa bi'haa an naa'su fi'haa qa'laa yi'la
    Fa'lam nan fa'kik naz daa'du khai'rau wa nuh'madu


Wa'nut yi'mu hat'taa yat ru'ka an naa'su faz' la'humla'hum
    Izaa ju'yi lat ay'di al mufi'zina tur adu
    Ja'za al'laahu rah'tan bil huju'ni ta'taa ba'ou
    Alaa ma'la ay yah'di li haz'mi wa yur shi'du


Qu ou'dan al la'zi hat'mi al hu'juni ka an'na hum
    Ma'qaa wi la'tan bal hum aa az'zu wa am'jadu
    Aa aa'na alai'haa kul'li saq'rin ka an'nahu
    Izaa maa ma'shaa fi raf ra'fi ad'dir yi aj'radu


Ha'ri an alaa ju'lay yi al khut'wabi ka an'nahu
    Shi haa'bu ba ka'fi qaa'bi siy yata'waq qa'du
    Mi'na al ak'ra mi'na fi lu ay'yi bi'ni ghaa'li bin
    Izaa si'ma khas'fa an waj'hu hu ya'ta rab'badu


Ta'wilu an nu'jaadi khaa'riju nas'fu saa'qihi
    Alaa waj'hihi yus'qa al gha'maa mu wa'yus adu
    Azi'mu ar ra'maadi say'yidu wa ab'nu sai'yi din
    Ya huz'zu alaa maq'ra az zu'yufi wa yah shu'du


Ay'yi ba'ni il ab'naa yil ashi'rati saa'li haa
    Izaa nah'nu tuf'naa fi al bi'laadi za yum hi'du
    Alaz'zun bi haa'za as sul'hi kul'lu mu'bar ra'yin
    Azi'mu al li'waa yin am'ruhu sum'ma yuh'madu


Qa'zu maa qa'zu fi lai'li him sum'ma as ba'hu

Alaa mah'liyo wa'saa yi'ru in naa'si ruq qa'du
Hu'mu raja'ou sah'la ab'na bai'zaa araa zi'yan
Wa sur'ra abu bak'rin bi'haa wa muhammadu


Ma'taa shu'rika al aq'waamu fi jal'li am'rinaa
Wa kun'naa qadi'man qab la'haa na'ta wad'dadu
Wa kun'naa qadi'man laa'nu qir'ru zu'laa ma'tan
Wa nu'daa ri'ku maa shi'naa wa'laa na'ta shad'dadu?


Fa'yaa li qus'sa hal la'kum fi nu'fu si'kum
Fa hal la'kumu fi'maa ya'jiou bi'hi al gha'du?
Fa in'ni wa iy'yaa kum ka'maa qaa'la yi'la
La dai'ka al bayaa'nu lau ta'kal lam'ta as'wadu


हमारे हमअक़ीदा भाई! जो समुंदर पार करके हब्श में जा बसे हो। क्या तुम्हें मालूम है की हमसे तआल्लुक़ क़त'आ करने का मुआहिदा (boycott) कैसे मोजज़ा भरे तरीक़े से ख़त्म हुआ। कीड़ों (चीटियों) ने मोहरबंद दस्तावेज खा लिया और नाम ए अल्लाह के सिवा उसमें कुछ बाकि ना बचा। उन कागज़ात में क़ुरैश के कई घरानों ने हम पर झूठा इलज़ाम लगाया था की हम लोगों ने जादूई एक तौहीद वाला मज़हब शुरू कर दिया है। अल्लाह की मर्ज़ी के खिलाफ़ जो गया वो बर्बाद ओ हलाक़ हो गया।


इस दस्तावेज से इन्होंने, क़ुरैश के बुज़ुर्गों को और दूसरों अपनी बातों पर राज़ी किया और इनकी बातें रसूलुल्लाह पर झूठी तोहमतों के सिवा कुछ ना थीं। इसलिए इन्हें ज़िल्लत भरी नाकामी मिली और रसूलुल्लाह की फ़तह तो नागुज़ीर थी। उनपर ये बात वाज़ेह हो गई की पैग़म्बर ए ख़ुदा जो कहते हैं वो ही सच है। क़बीलों के बीच लड़ाई कराना, ये क़ुरैश के लोगों का एक बड़ा गुनाह भरा अमल है, इसमें शामिल लोगों को या तो मार देना चाहिए या उनके हाथ कटवा देना चाहिए।


उन छोटे-छोटे कीड़ों ने, मोहरबंद दस्तावेज को खा लिया और नाम ए अल्लाह बाकि रहा इस तरह उन्होंने रसूलुल्लाह के सच व सदाक़त को रौशन करके ज़ाहिर किया। इस मोजज़े से भरी घटना को देखकर मक्का और मक्का के बाहर रहने वाले बहुत से लोग, अल्लाह और

अल्लाह के अज़ाब से डर गए। यहाँ के किसान और ताजिर, मक्का छोड़कर नज्द और तेहामा के लिए कूच करने की सोचने लगे। उन्हें इस बात का डर था की मक्का के बाहर की पहाड़ियों से तलवारबाज़ों की एक बड़ी फौज, मक्का में चढ़ाई करेगी और मक्का में रहने वाले उन कुफ्फारों पर कहर बनकर टूटेगी जिन्होंने मुहम्मद से तआल्लुक़ तर्क करके उसपर ज़ुल्म ओ सितम किए।

मक्का में कौन है जो शराफ़त और इज़्ज़त में हमारा मुक़ाबला कर सके?, उन सबको मालूम है की बतहा के लोग ही सबसे ज़्यादा शरीफ़ हैं। वक़्त के बीतने के साथ-साथ हमने और भी इज़्ज़त हासिल की, जब यहाँ कम लोग आबाद थे, तब भी हमें इज़्ज़त मिलती थी और ये इज़्ज़त उनके दिलों में हमारे नेक आमालों की वजह से बढ़ती चली गई। उस वक़्त भी कि जब फसलों की पैदावार कम हुई थी और कमजोर किसानों को खाने-पीने की भी दिक्कतें पेश आ रही थीं तब हम ही थे जिन्होंने बहुक्म ए अल्लाह, कमजोर लोगों को खाना खिलाया और उनका साथ दिया।

अल्लाह, हुजून के लोगों को अज़्र अता करे। जो खुद को अल्लाह की रज़ा पाने और हक़ीक़ी राह पर जमाए रखने की कोशिश करते हैं और उन्होंने ही खुलकर, हमारे (बनी हाशिम) खिलाफ़ किए मुआहिदे (boycott) को रद्द कर दिया। ये सब हुजून में जमा हुए और हमारी उम्मीदों से भी आगे बढ़कर, इन्होंने हमारा साथ देने की बात कही। अपनी बहादुरी की बिना पर ये कहकशाओं के तारों की मानिंद चमक रहे थे।

लुई बिन ग़ालिब के इज़्ज़तदार लोग जो बड़े-बड़े मकामों पर अपनी बहादुरी की वजह से चमकते हैं और अपने आस-पास चारों तरफ मौजूद लोगों से इज़्ज़त पाते हैं। वो अपनी तलवारों के साथ बुलंदी से खड़े होते हैं और इनके चेहरे, बड़े मुबारक नज़र आते हैं और यूँ लगता है की बारिश के बादल भी इनके चारों ओर नाच रहे हैं। ये अपने आमालों से अपने कबीले के लिए फ़ख़्र का ज़रिया बनते हैं जो अपनी भलाई और रहम के लिए जाने जाते हैं। ये भले सरदार (leaders) हैं जो सरदारों की औलाद हैं जो अपने मेहमानों के साथ अच्छा सुलूक करते हैं उन्हें इनआमात देते हैं और दूसरों को भी भलाई की तरफ बुलाते हैं। शहर में ये शरीफ़ खानदान से तआल्लुक़ रखते हैं जो खुद भी अच्छे आमाल करते हैं और दूसरों को भी अच्छे कामों की तरफ बुलाते हैं। इनमें से जो सच्चे हैं उन्होंने मुआहिदे को ख़त्म करने में खुलकर, दिल से हिस्सा लिया।

हमारे खिलाफ़ इन्होंने तआल्लुक़ 'तर्क़ करके जो सितम ढाया वो रातें बहुत अंधकार वाली और दबाव डालने वाली थीं जिनमें कुफ्फार ए मक्का हमारा बुरा चाहते थे लेकिन सहर अपने साथ ज़ुल्म के ख़ात्मे को लेकर आई। फिर भी जिन्होंने हमारे खिलाफ़ साज़िश की थी वो अंधकार और गफ़लत की नींद में ही गिरफ़्त हैं।

जब सहल इब्न ए बइ'ज़ा ने लोगों से कहा की बनी हाशिम से तआल्लुक़-क़त'आ करने के मुआहिदे को ख़त्म कर दो तो सब तैयार हो गए। वो सब खुशी से वापिस पलट गए और इस तरह मुहम्मद मुस्तफ़ा को भी खुश किया।

हम वो लोग हैं की जिन्होंने अपने अच्छे आमालों से बुलंदी पाई है वो भी तब की जब कोई हमारा साथ देने वाला नहीं था और हमें हमेशा भलाई करने वाले और शरीफ़ इंसानों के तौर पर याद किया जाता है और हमसे मुहब्बत की जाती है। हमने कभी ज़ुल्म और नाइंसाफ़ी को क़ुबूल नहीं किया, बल्कि हमने पूरी ताकत लगाकर, नाइंसाफ़ी और ज़ुल्म को ख़त्म करने की कोशिश की है और हमारी कोशिश तो ये ही रही है की सबको इंसाफ़ मिले।

ऐ क़ुरैश के लोगों! क्या तुम में अब तक हिम्मत व फ़र्ख़्र नहीं जागा?, क्या तुमने अपनी आने वाली ज़िंदगी को दीन ए मुहम्मद थामकर महफ़ूज़ कर लिया है?, क्या तुम इस बात की गवाही देते हो की मुहम्मद, अल्लाह का रसूल है?

हमारा बड़प्पन और शराफ़त, सब जानते हैं। ये बात वाज़ेह है, साफ़ है की अगर इन पहाड़ियों और पहाड़ों के पास बोलने की क़ुव्वत होती तो ये भी हमारी सच्चाई की गवाही देते।

# 37

# रसूलुल्लाह की शान में

فما رجعوا حتى رأوا من محمد

احاديث تجا وهم كل فؤاد

رأوا احبار كل مدينة

سجود اله من عصبة وفراد

ذريرا وتما ماوقد كان شاهدا

دريس وهموا كلهم بفساد

فقال لهم قولا بحيرا وايقنوا

له بعد تكذيب وطول بعاد

كما قاللللرهط الذين تهو دوا

وجا هد هم فى الله كل جهاد

فقال ولم يترك له النصح ردّة

فان له ارصاد كل مصاد

فان اخافالحا سد ين ، وانه

لفى الكتب مكتوب بكل مداد

Fa'maa ra'jaou hat'taa ra'ou min muhammadin
   Ahaa'disu ta'jaou hum kul'la fu'aadi
   Ra'ou ah'baara kul'li madi'natin
   Su'ju dan al'lahu min us'ba tiyo wa fu'raadi


Zari'rau wa ta'maa mau wa'qad kaa'na shaa'hi dan
   Dari'sun wa ham'mu kul'lu hum bi fa'saadi
   Fa'qaala la'hum qau'lam ba hi'raa wa ay'qanu

La'hu ba'da tak zibi'yo wa'tu wi'li bi aa'di


Ka'maa qaa'la lir rah'ti al la'zina ta'hau wa'du
Wa'jaa hada'hum fi al'laahi kul'la ji'haadi
Fa'qaala wa'lam yat'ruk la'hu an'nus hu rid'da tan
Fa in'na la'hu ir'saada kul'la ma'saadi


Fa in'na akhaa'fu al'haa sidi'na, wa in'nahu
La'fi al kut'bi mak'tubu bi kul'li mi daa'di


जिन लोगों ने रसूल ए खुदा की बुराई की उन्होंने तब तक आप सल्लललाहु अलैहे व आलिही व सल्लम की बुराई की जब तक मुहम्मद रसूलुल्लाह की फ़ज़ीलत व तारीफ़ ना सुन ली। उन लोगों ने हर शहर व गली में देखा की अहले किताब यहूदी व नसारा, रसूलुल्लाह सल्लललाहु अलैहे व आलिही व सल्लम की ताज़ीम करते हैं और उन्हें एक शरीफ़ व आला शख़्सियत मानते हैं।


यहूदियों के सरदार व आलिम जैसे तम्माम व दारिस/दरीस जो हक़ीक़त में तो रसूलुल्लाह के मुखालिफ़ थे और आपको हराना चाहते थे लेकिन आखिर में खुद ही अपनी हार व शिकस्त कुबूल कर गए। पहले तो उन लोगों ने, मुहम्मद सल्लललाहु अलैहे व आलिही व सल्लम की मुखालिफ़त की लेकिन फिर उन्होंने अपने आलिम बुहैरा/बहीरा के बताए सच को कुबूल कर लिया।


बुहैरा ने यहूदियों से साफ कहा, उन्हें मुहम्मद रसूलुल्लाह सल्लललाहु अलैहे व आलिही व सल्लम की हकीकत बताई और मुहम्मद रसूलुल्लाह के जिहाद के बारे में बताया ताकि वो हक़ कुबूल कर सकें। उसने मक्का के लोगों को आसमानी किताब में लिखी मुहम्मद रसूलुल्लाह की सच्चाई और हकीकत के बारे में बताया, तौहीद के बारे में बताया और कुछ नहीं उम्मीद है की वो लोग सच्चा रास्ता अपना लेंगे।

# 38

## क़सीदा लामिया

خليلى ما اذ فى لاول عاذل
يصغواء فى حق ولا عند باطل
خليلى ان الرأى ليس بشر كة
ولا نهنه عند الامور البلا بل
و لما رأيت القوم لاود عند هم
وقد قطعوا كل العرى والوسا ئل
و قد صا رحونا بالعداوة و الاذى
و قد طا وعوا امر العد و المزايل


وخا لفوا قوما علينا اظنةً
يعضون غيظا خلفنا با لا نا مل
صبرت لهم نفسى بسمواء سمحة
و ابيض غضب من تراث المقاول
و احضرتُ عند البيت واخوتى
و أمسكت من اثوابه با لو صا ئل
قيا ما معا مستقبلين رتا جه
لذى حيث يقضى نسكه كل نا فل


و حيث ينيغ الاشعرون ركا بهم
بمفضى السيول من اساف و نائل
موسمة الا عضاد اوقصرا بها
مخيسة بين السد يس و با زل
ترى الودع فيها والرخام وزينة

با عنا قها معقودة كالعثا كل
اعو ذبرب الناس من كل طاعن
علينا بسوء او ملح ببا طل


ومن كاشح يسعى لنا بمعيبة
و من ملحق فى الدين ما لم نحاول
و ثور و من ار سى ثبيرا مكانه
و غير وراق فى حراء و نا زل
وبالبيت ركن البيت من بطن مكة
و بالله ان الله ليس بغا فل
وبالحجر المسود اذ يمسحو نه
اذا اكتنفوه بالضحى و الاصا ئل


وموطى ء إبراهيم فى الصخر رطبة
على قد ميه حا فيا غير نا عل
واشواط بين المر و تين الى الصفا
و ما فيهما من صورة و تما ثل
ومن حج بيت الله من كل راكب
و من كل ذى نذر و من كل راحل
وبالمشعرا لاقصى اذا عمد وا له
الال الى مفضى الشراج القوا بل


وتو قافهم فوق الجبال عشية
يقيمون بالا يدى صدو را لروا حل
وليلة جمع والمنازل من منى
و ما فوقها من حر مة و منازل
وجمع إذا ما المقربات اجزنه
سر اعا كما يفز عن من وقع وا بل
وبالجمرة الكبرى اذا صمد والها
يو مون قذ فارا سها بالجنا دل


وكندة اذ هم بالحصاب عشية

تجير بهم حجاج بكر بن وائل
حليفان شدا عقد ما اجتمعا له
وردا عليه عاطفات الوسائل
وحطمهم سمرا الرماح مع الظبا
و انفا ذ هم ما يتقى كل نا بل
ومشيهم حول البسال وسر حه
و شبرقه وخد النعام الجوا فل

فهل فوق هذا من معاذ لعاءذ
و هل من معيذ يتقى الله عادل ؟
يطاع بنا الاعداء و ودو الو اننا
تسد بنا ابو اب ترك وكا بل
كذبتم وبيت الله نترك مكة
ونظعن الا امركم فى بلا بل
كذبتم وبيت الله نبزى محمدا
ولما نطا عن دونه وننا ضل

و ننصرة حتى نصرع حوله
وند هل عن ابنا ءنا والحلا ءل
و ينهض قوم فى الحديد اليكم
نهوض الروا ياتحت ذات الصلاصل
و حتى يرى ذوالضغن ير كب رد عه
من الطعن فعل الإنكب المتحامل
و انى لعمر الله ان جد ما ارى
لتلتبسن اسيا فنا بالا ما ثل

بكف امرى ء مثل الشهاب سميدع
اخى ثقة حامى الحقيقه با سل
شهور او ايا ما و هو لا مجر ما
علينا و تأتى حجة بعد قا بل
و ما ترك قوم لا ابا لك سيدا
يحوط الذما ر غير ذرب موا كل؟
و ابيض يستسقى الغمام بوجهه

ثمال اليتا مى عصمة للا را مل


يلوذ به الهلاك من ال هاشم
فهم عنده في نعمة و فوا ضل
لعمرى لقد اجرى اسيد و رهطه
الى بغضنا و جز انا لا كل
جزت رحم عنا اسيدا و خا لدا
جزاء مسيى لا يؤخر عا جل
و عثمان لم ير بع علينا و قنفد
و لكن اطاعا امر تلك القبائل


اطا عا ابيا وابن عبد يغو ثهم
ولم ير قبا فينا مقا لة قا نل
كما قد لقينا من سبيع و نوفل
و كل تو لى معرضا لم يجا مل
فان يلقيا او يمكن الله منهما
نكل لهما صا عا بكيل المكايل
و ذاك ابو عمر وابى غير بغضنا
ليطعننا فى اهل شاء وجا مل


ينا جي بنا فى كل ممسى و مصبح
فناج ابا عمر و بنا ثم خا تل
و يقسمنا بالله ما ان يغشنا
بلى قد نراه جهرة غير حائل
اضاق عليه بغضنا كل تلعة
من الارض بين اخشب فمجا دل
و سائل أبا الوليد : ماذا حبو تنا
بسعيك فينا معرضا كا لمخا تل


وكنت امرء اممن يعاش برا يه
ورحمته فينا و لست بجا هل
أعتبة ، لا تسمع بنا قول كا شع

حسود كذوب مبغض ذى دغا ول
وقد خفت ان لم تزجر نهم وترعووا
تلاقى و نلقى منك احدى البلا ءل
ومر ابو سفيان عنى معرضا
كما مر قيل من عظام المقا ول


يفر الى نجد وبرد ميا هه
و يزعم انى لست عنكم بغا فل
واعلم ان لا غا فل عن مساء ة
كفاك العد و عند حق و باطل
فميلو اعلينا كلكم، ان ميلكم
سواء علينا و الرياح بها طل
يخبر نا فعل المنا صح ان ميلكم
شفيق و يخفى عار مات الجلا ئل


أ مطعم له اخذلك في يوم نجدة
ولا عند تلك لمعظمات الد وا خل
ولا يوم خصم اذ اتوك الدة
اولى جدل من الخصوم المساجل
امطعم ان القوم ساموك خطةً
و انى متى او كل فلست بوا ئل
جزى الله عنا عبد شمس ونو فلا
عقو بة شر عا جلا غير اجل


بميزان قسط لا يغيض شعيرة
له شا هد من نفسه حق عادل
لقد سفهت احلام قوم تبد لوا
بنى خلف قيضا بنا والغيا طل
و نحن الصميم من ذؤابة هاشم
و ال قصى فى الخطوب الا وائل
و كان لنا حوض السقاية فيهم
و نحن الذرى منهم و فوق الكواهل

فما ادركو دخلًا ولا سفكو ادما
و لا خالفوا الا شرار القبائل

بنى امة مجنونة ههد كية
بنى جمع عبيد قيس بن عاقل

وسهم و مخزوم تما لوا و البوا
علينا العدا من كل طمل و خامل

و شائظ كانت فى لؤى بن غالب
نفا هم الينا كل صقر خلاحل


ورهط طفيل شر من وطى ء الحصى
و الأم حاف من معد و نا عل

اعبد مناف انتمو خير قو مكم
فلا تشر كوا فى امر كم كل واغل

فقد خفت ان لم يصلح الله امر كم
تكونوا كما كانت أحاديث وائل

لعمرى لقد او هنتمو و عجز نمو
و جنتم بامر مخطىء للمفاضل


و كنتم قديما خطب قدر فا نتمو
الان حطاب اقد رو مرا جل

ليهنىء بنى عبد مناف عقوقها
و خذ لا نها ، و تر كنا فى المعاقل

فان يك قوم سر هم ما صنعتمو
ستحتلبو ها لا قحا غير باهل

فبلغ قصياً ان سينشر امر نا
و بشر قصيا بعد نا با لتخاذل


و لو طرقت ليلا قصياً عظيمةً
اذا ما لجأ نا دو نهم فى المدا خل

ولو صد قوا ضربا خلال بيو تهم
لكنا أسى عند النساء المطافيل

فان تك كعب من لؤى تجمعت

فلا بد يو ما مرة من تزأ يل
و ان تك كعب من كعوب كثيرة
فلا بد يو ما انها فى مجا هل

و كل صديق و ابن اخت تعده
و جد نا لعمرى غبه غير طائل
بسوى ان رهطا من كلاب بن مرة
براء الينا من معقة خا ذل
بنى اسد لا تطر فن على القذى
اذا لم يقل بالحق مقول قائل
فنعم ابن اخت القوم غير مكذب
زهير حسا ما مفرد امن حما ءل

اشم من الشم البها ليل ينتمى
الى حسب فى حومة المجد فاضل
لعمرى لقد كلفت وجدا باحمد
و اخوته دأب المحب المواصل
اقيم على نصر النبى محمد
اقا تل عنه بالقنا و القنابل
فلا زال فى الدنيا بما لا لأهلها
و زينا لم ولاة رب المشاكل

فمن مثله في الناس اى مو مل
اذا قا سه الحكام عند التفاضل
حليم رشيد عادل غير طائش
يوالى الها ليس عنه بغا فل
فايدة رب العباد بنضره
و اظهر دينا حقه غير فا صل
فوالله لو لا ان اجى ء بسبة
تجر على اشيا خنا فى المحا فل

لكنا اتبعناه على كل حالة

من الدهر جدا غير قول التها زل

لقد علموا ان ابننا لا مكذب

لديهم ولا يعنى بقول الا باطل

رجال كرام غير ميل نما همو

الى الغر اباء كرام المخا صل

دفعنا همم حتى تبد تجمعهم

و حسر عنا كل باغ و جا هل


شباب من المطيبين و هاشم

كبيض السيوف بين ايدى الصياقل

يضرب ترى الفتيان فيه كانهم

ضوارى اسود فوق لحم خرا دل

و لكننا نسل كرام لسادة

بهم نعتلى الاقوام عند التطاول

سيعلم اهل الضغن ايى و ايهم

بفرز و يعلو فى ليال قلا ئل


و ايهمو منى و منهم بسيفه

يلا قى ما اذا ما حان وقت التنازل

ومن ذايمل الحرب منى و منهمو

و يحمد فى الافاق من قول قائل ؟

فاصبح فينا احمد فى زمة

تقصر عنها سورة المتطا ول

كانى به فوق الجياد يقودها

الى معشر زاغوا الى كل باطل


وجدتُ بنفسى دو نه و حميته

ودا فعت عنه بالطلى و الكلا كل

ولا شك ان الله رافع امره

و معليه فى الدنيا و يوم التجادل


Khali lay'ya maa uz'fi li aw'wali aazi'lin

Bi sagh'waa afi haq'qi wa'laa in'da baati'la
Khali lay'ya in'na ar'rai ya lai'sa bi'shir ka'tin
Wa'laa nah'na tin in'da al umu'ri al ba'laa bi'li


Wa lam'maa raa'yatu al qau'ma laa oud'da in'da hum
Wa qad qata'ou kul'la al ou'raa wal wa'saa yi'li
Wa'qad saa ruhu'naa bil adaa'wati wal azaa
Wa'qad ta'wa ou am'ra al aduw'wi al mu'zaa ya'li


Wa'khaa la'fu qau'man alai'naa azin'natan
Ya ouz'zuna ghai'zan khal fa'naa bal aa'naa mi'la
Sabar'tu la'hamu naf'si bi sam'waa asam'hatin
Wa ab ya'za ghaz'bim min tu'raasi al ma'qaa wi'la


Wa ah zar'tu in'da al bai'ti wah'ti wa ikh'wati
Wa am'sak tu min as'waa bi'hi bal wa'saa yi'li
Qi'yaa man mu an mus'taq bi'lina ri'taa ja'hu
Li'zi hai'su yaq'zi nus'kahu kul'lu naafi'li


Wa hai'su yu'niqu al ash aru'na ri'kaa ba'hum
Bi maf'za as su'yuli min asaa'fin wa naayi'li
Mu'was sa'mata al azaa'di au qasa'raa ni'haa
Mu'khai yasa'tan bai'na as sadi'si wa baazi'li


Tara al wad'aa fi'haa war'ru khaa'ma wa'zi na'tan
Bi anaa fi'haa ma'qu da'tan kal asaa ki'li
Aa au'zu bi rab'bi an'naasi min kul'li taa'yi nin
Alai'naa bi su'yin au mali'hun bi baati'li


Wa min kaa'shi hin yas aa la'naa ba'ma yiba'tin
Wa'min mul hi'qin fi ad'dini maa lam nu'haa wi'li
Wa su'rin wa man ar'saa sabi'ran ma'kaa na'hu

Wa ghai‘ru wa raa‘qin fi hiraa‘yin wa naa zi’li


Wa bil bai’ti ruk‘ni al bai’ti min bat’ni mak‘ka tin
    Wa bil’laahi in‘nal laa’ha lai’sa bi ghaafi‘li
    Wa bil haja’ri al‘mus wad’di iz yam’sahu na’hu
    Izaa ak’tan fu‘hu biz zu’haa wa al asaa yi’li


Wa mauti’yi ibraa‘hima fi as sakh’ri rat‘bata
    Alaa qad mai’hi haa fi‘yan ghai’ra naa yi’li
    Wa ash’waati bai’na al‘mar wa tai’ni ilaa as’safaa
    Wa’maa fi hi‘maa min sura’tin wa ta’maa si‘li


Wa min haj’ji bai’ta al‘laahi min kul’li raa‘ki bin
    Wa min kul’li zi naza‘rin wa min kul’li raahi‘li
    Wa bil ma’shu ari al aq’saa izaa ama’du la’hu
    Il lin ilaa maf‘za ash shi’raaji al qa‘waa bi’li


Wa’tu qaa‘fi him fau’qa al ji‘baali ashi ya’tan
    Yuqi’muna bil ay‘di su’dura ar ra‘waa hi’li
    Wa lai‘lati jam’hin wa al manaa‘zilu mim mi’nan
    Wa‘maa fau qa’haa min hur mati’yau wa ma’naa zi‘li


Wa jama’hin izaa maa al maq‘ru baa’tu ajiz na’hu
    Si‘raa an ka’maa yaf‘zana miv waqa’hi waa‘bili
    Wa bil jam ra’ti al kub’raa izaa sama’du la’haa
    Ya am’muna qaz‘fan raasa’haa bil ja‘naa di’li


Wa kin’datu iz hum bal hi’saabi ashi‘yatan
    Tu’jiru bi‘him hi’jaa ja bak‘ribni waa yi’li
    Ha‘li faa’ni shad’daa iq’damaa aj’tama aa lu’hu
    Wa rad’daa alai’hi aa’ti faa’ti al wa’saa yi’li

Wa ha'ta mu'hum sum'raa ar ri'maahi ma'ha az zu'baa
   Wa in'faa zu'hum maa yat'taqi kul'lu naabi'li
   Wa mash yu'hum hau'la bisaa'li wa sar hu'hu
   Wa shib'ri qu'hu wakh'da an'na aa'mi al ja'waa fi'li


Fa'hal fau'qa haa'zaa mim'ma aa'zil la aa yi'zin
   Wa hal mim mu'yizi yat'taqi al'laaha aa'dili?
   Yu'taau bi'naa al'ada aa wa wad'du lau an'na naa
   Tu sad'du bi'naa ab'waabu tur'kin wa'kaa bi'li


Ka'zib tum wa bai'til laahi nat'ruka mak'katan
   Wa'naza anu il'li amru'kum fi ba'laa bi'li
   Ka'zib tum wa bai'ti al'laahi nu'bazi muhammadan
   Wa lam'maa nu'taayin du'nahu wa'nu naa zi'li


Wa'nan suru'hu hat'taa nu'sar ra'aa hau'lahu
   Wa'naz hu'la an ab'naa yi'naa wal ha'laa yi'li
   Wa yan ha'za qau'mu fi al hadi'di ilay ku'mu
   Nu hu'za ar ra'waa yaa tah'ta zaa'ti as sa'laa si'li


Wa hat'taa yu'raazu az zigh'ni yar ka'bu rad ahu
   Mi'na at'tani fi'la al in ka'bi al mu'ta haami'li
   Wa in'ni la am'ru al'laahi in jad'da man araa
   La'tal tabi'sun as'yaa fu'naa bil amaa si'li


Bi kaf'fi amra'yin mis'li ash'sha haa'bi sami'da
   Akhi si'qa tin haa'mi al ha'qi qa'hi baasi'li
   Shu'hu ran aw'va ay'yaa maw'va hau'lam mu'jar ra'maa
   Alai'naa wa ta'ti hij'ja tan ba'da qaabi'li


Wa'maa tar'ku qau'min laa abaa la'ka sai'yi dan

Ya hu'tu az zi'maa ra ghai'ra zar'bin mu'waa ki'li?
Wa ab ya'za yus tas qa'ya al ghamaa'mu bi waj'hi hi
Si'maalu al yataa'maa is'matan lil araa mi'li


Ya lu'zu bi'hi al hu'laaku min aa'li haashi'min
Fa'hum in da'hu fi nima'tiyo wa fa'waa zi'lin
La am'ri la'qad aj'ri usai'du wa'rah tu'hu
Ilaa bugh'zinaa wa jaz'za aa'naa li aki'li


Ja'zat rahi'ma an'naa usai'dan wa khaali'dan
Ja'zaa aa musi'yin laa yu akh'khiru aaji'li
Wa us'maanu lam yar'ba alai'naa wa qun fa'dun
Wa'laa kin ataa an am'ra til'ka al qa'baa yi'li


Ataa aa uba'yan wa ab'na ab'di ya'ghu si'him
Wa'lam yar qu'ban fi'naa ma'qaa la'ta qaayi'li
Ka'maa qad laqi'naa min su'bai an wa'nau fi'lin
Wa kul'lun ta'wallaa muri'zan lam yu'jaa mi'li


Fa in yal qi'yaa au yum ki'na al'laahu min hu'maa
Na'kil la hu'maa saa an bi kai'li al mu'kaa yi'li
Wa zaa'ka abu am'rin wa abi ghai'ra bugh'zinaa
Li yat ana'naa fi ah'li shaa'yin wa jaami'li


Yu'naaji bi'naa fi kul'li mam'sau wa musbi'hin
Fa'naa jin abaa am'rin wa bi'naa sum'ma khaati'li
Wa yuq'si mu'naa bil'laahi maa in ya ghush sha'naa
Ba'laa qad na'raahu jah'ratan ghai'ra haayi'li


Azaa'qa alai'hi bugh'zunaa kul'la tal atin
Mina al ar'zi bai'na akh'shu bin fa mu'jaa di'li
Wa saayi'lu abaa al wali'di maa'za ha'bu ta'naa

Bi'sa yi'ka fi'naa muri'zan kal mu'kha ti'li


Wa ku'nata am'ra an am'mim mai yu aa'shu hi'raa yi'hi
Wa rah'matuhu fi'naa wa las'ta bi jaahi'li
Aa ut'batu laa tas'ma bi'naa qau'la kaa'shi yin
Ha'su din ka'zu bin mub'ghi zin zi da'ghaa wu'li


Wa'qad khif'ta in lam taz'ju ran'hum wa'tar awa
Tu'laaqi wa nal'qa min'ka ih'da al ba'laa yi'li
Wa mar'ra abu suf'yaana an'ni muri'zan
Ka'maa mar'ra qai'lu min itaa'mi al ma'qaa wi'li


Ya fir'ru ilaa naj'diyo wa bar'di mi'yaa hi'hi
Wa yaz'amu an'ni las'tu an'kum bi ghaafi'li
Wa ala'mu an laa ghaafi'lu an ma'saa atin
Ka'faaka al aduw'wu in'da haq'qin wa baati'li


Fa mai'lu alai'naa kul'lu kum in'na mai'la kum
Sa'waau alai'naa wa ar riyaa'hu bi'haa ti'li
Yu khab'biru naa fi'la al mu'naa si'hu in'na mai la'kum
Shafi'qan wa yukh'fi aa'ri maa'ti al ja'laa yi'li


Amut'yim lam akh zul'ka fi yau'mi naj'datin
Wa'laa in'da til'ka al muza'maati ad da'waa khi'li
Wa'laa yau'mi khas'min iz atu'ka alad'datin
Uli jada'lin mina al khu'sumi al mu'saa ji'li


Amut'yimu in'na al qau'ma saamu'ka khut'ta tan
Wa in'ni ma'taa ukal falas'tu ba'waa yi'li
Ja'za al'laahu an'naa ab'da sham'sin wa nau fa'lan
Uqu'bata shar'rin aa'jilan ghai'ra aa khi'li

Bi mi'zaani qis'tin laa ya'ghizu sha'yi rata
  La'hu shaa'hi dun min naf'si hi haq'qu aadi'li
  La'qad safa'hat ah'laamu qau'min ta'bad da'lu
  Bani kha'la fin qai'zan bi'naa wal gha'yaa ti'li


Wa nah'nu as sami'mu min zuaa bati haashi'mi
  Wa aali qusiy'yin fi al khu'tubi al awaa yi'li
  Wa kaa'na la'naa hau'zu as'siqaa ya'ti fi'him
  Wa nah'nu az zur'ri min hum wa fau'qa al ka'waa hi'li


Fa'maa ad'raku zah'lan wa'laa safa'ku ada'man
  Wa'laa khaa'lafu il'laa shi'raa ra al'qaba yi'li
  Bani um'matim maj'nu na'tin hih'da kay'yatin
  Bani juma'yin ubai'da qai'sibni aaqi'li


Wa sah'man wa makh'zumu ta'maalu wa al'labu
  Alai'naa al yi'daa min kul'li tim'lin wa khaami'li
  Wa shaa'yizu kaa'nat fi lavi yib'ni ghaa'libin
  Na'faa hum ilai'naa kul'lu saq'rin hu'laa hi'li


Wa rah'tu tufai'lin shar'ru man wa'ta aa al ha'saa
  Wa al amu haa'fin min ma ad'da wa'naa yi'li
  Aa ab'da mu'naafin an'tumu khai'ru qau'mikumqau'mikum
  Fa'laa tush'riku fi am'ri kum kul'la waa ghi'li


Fa'qad khif'tu il'lam yus li'hi al'laahu am'ra kum
  Ta'kunu ka'maa kaa'nat ahaa'disu waayi'lu
  La am'ri la'qad au hin'tumu wa ajaz'tumu
  Wa ji'tum bi am'rin mukh'ta yin lil ma'faa zi'li


Wa kun'tum qadi'man hat'ba qad'rin fa an'tumu

Al aa'na hi'taabu aq'du riv'va ma'raa ji'li
Li yah'niu bani ab'di mu'naafin uqu qu'haa
Wa khuz'laa nu'haa wa tar ku'naa fi al ma aa qi'li


Fa iy'yaku qau'ma sar'ra hum maa sana'tum
Sa'tah ta'libu haa'laa qi'han ghai'ra bi ah'li
Fa bal'ligh qusa'ya an an'sa yun sha'ru am'ru naa
Wa bash'shir qusai'yan ba'da naa bit ta'khaa zu'li


Wa lau tara'qat lai'lan qu'sa ya'an azi'matan
Izaa maa la'jaa naa'du na'hum fi al ma'daa khi'li
Wa'lau sudi'qu zar'ban kha'laa la bu'yu ti'him
La kun'naa asan in'da an ni'saayi al ma'taa fi'li


Fa in taku ka'ba min lay'ya ta'jam ma'at
Fa'laa bud'da yau'man mar'rata min ta'zaa yi'li
Wa in taku ka'bu min ka'ou bin kasi'ratin
Falad'da yau'man an na'haa fi ma'jaa hi'li


Wa kul'lu sidi'qin wa ab'nu ukh'tin na ud'du
Wa jud'naa la am'ri ghib'bahu ghai'ra taayi'li
Bi sau an'na rah'ta an min ki'laa bib'ni mur'ratin
Ba'raa an ilai'naa min mu'aq qati khaazi'li


Bani asa'din laa tut'ri fun'na alaa al qa'zi
Izaa lam ya'qul ba al haq'qi miq walu qaayi'li
Fa ni'ma ab'nu ukh'ti al qau'mi ghai'ra mu'kaz za'bin
Zu'hairun hu'saa man muf'ra dun min ha'maa yi'li


Asham'mu mi'na ash shum'mi al ba'haa li'li yan'tami
Ilaa hasa'bin fi hu'mati al maj'di faazi'li
La am'ri la'qad kalif'tu waj'dan bi ah'madin

Wa ikh'wati hi daa'ba al muhib'bi al ma'waa si'li


Aqi'mu alaa nas'ri an nabiy'yi muhammadin
Uqaa'tilu an'hu bil qa'naa wa al qa'naa bi'li
Fa'laa zaa'la fi ad'duniyaa ja'maalan li ahli'haa
Wa zai'nan lam wal'laahu rab'bu al ma'shaa ki'li


Fa mam mis'luhu fi an'naasi ay'yu mu am'mi lin
Izaa qaasa'hu al huk'kamu in'da at'tafaa zi'li
Hali'mun rashi'dun aa'dilun ghai'ru taa'yi shin
Yu'waali ilaa'han lai'sa an'hu bi ghaafi'li


Fa ai'yadahu rab'bu al ibaa'di bi nas ri'hi
Wa azu ha'ra di'nan haq qu'hu ghai'ru faasi'li
Fa'wa al'laahi lau laa an uji aa bi sub'batin
Ta jur'ru alaa ash'yaa khi'naa fi al ma'haa fi'li


La kun'naa at'taba naa'hu alaa kul'li haala'tin
Mi'na ad'dahri ji'dan ghai'ra qau'li at'tahaa zu'li
La'qad ala'mu an'na ab'na naa laa mukaz'zabun
La dai'him wa'laa yu'na bi qau'li al'aa baati'li


Rijaa'lun kiraa'mun ghai'ru mi'lin na'maa hu'mu
Ilaa al ghur'ri aa'baa an kiraa'mu al ma'khaa si'li
Dafa'naa hu'mu hat'taa tabad'da da'jam ou'humou'hum
Wa has'sara an'naa kul'lu baa'ghin wa jaahi'li


Sha'ba bun mi'na al mutai'ya bi'ni wa haashi'min
Ka'baizi as'suyufi bi'na ay'di as'sayaa qi'li
Bi zaru'bin ta'ra al fit'yaani fi'hi ka an'na hum
Za'waari as'wadin fau'qa lah'min kha'ra di'li

Wala'kin na'naa nas'lun kiraa'mun la'saa da'tin
    Bi'him na'tali al aq'waama in'da at'tataa ou'li
    Sa'ya la'mu ah'lu az zigh'ni aay'yi wa ay'yu hum
    Bi far'zu wa ya'lu fi la'yaa lin qa'laa yi'li


Wa ay'yu hu'mu min'ni wa min'hum bi saifi'hi
    Yu'laaqi izaa maa haa'na waq'tu at'tanaa zu'li
    Wa'man zaa'ya mil'lu al hara'ba min'ni wa min hu'mu
    Wa yah'madu fi al aafaa'qi min qau'li qaayi'li


Fa as'baha fi'naa ah'madu fi zima'tin
    Tu'qas si'ru an'haa su'ratu al mu'ta taawi'li
    Ka an'ni bi'hi fau'qa al ji'yaadi ya'qu du'haa
    Ilaa ma'shaa rin zaa'ghu ilaa kul'li baati'li


Wa jud'tu bi naf'si duna'hu wa ha'mai tu'hu
    Wa'daa fa'tu an'hu bit'tulaa wa al ka'laa ki'li
    Wa'laa sha'ka an'na al'laahi raafi'ou amri'hi
    Wa mulai'tu fi ad dun'yaa wa yau'ma at'tajaa du'li


ऐ मेरे दोस्तों! मैं कभी गलत, झूठ का साथ नहीं दूँगा और सच हक़ की मुख़ालिफ़त नहीं करूँगा। मैं हर घटना को बहुत ग़ौर ओ फिक्र के साथ देखता हूँ।


मेरे दोस्तों! हम किसी भी ज़रूरी मसले में सच और हक़ को तब ही ढूँढ पाते हैं जब हम एहतियात और ईमानदारी के साथ हक़ को खोजते हैं और ग़ौर ओ फिक्र के साथ, अहले इल्म से बातचीत करते हैं।


जब मैंने देखा की हमारे ही कबीले के लोगों ने हमसे सारे रिश्ते तोड़ लिए, हमसे तआल्लुक़ क़त'आ कर दिए और हमारे लिए उनके दिलों में ज़रा सी भी मुहब्बत ना बची, तब भी हम सब्र के साथ रहे। इन्होंने खुले तौर पर हमें तकलीफ़ पहुँचाई और हमारे दुश्मनों के मशवरे और

बातें सुनी। जो लोग हमसे हसद रखते थे इन्होंनें, उनसे दोस्ती कीं और हमारे खुले दुश्मन बन गए। मैं सब्र के साथ रहा और अपने अज्दाद की तलवारों और भालों को म्यान में रखा रहने दिया।

हमने, अपने कबीले के लोगों को खाना ए काबा में बुलाया और उनके सामने हक़ीक़त को खोलकर रखा। हमने उन्हें उनके अमल के नफा-नुकसान और अंजाम के बारे में भी बता दिया। सब खाना ए काबा के दरवाज़े के नज़दीक़ खड़े हो गए। जहाँ इबादत की जाती थी और दौर ए लाइल्मी में जहाँ लोग पत्थर के बुत रखा करते थे। जहाँ लोग हज के वक़्त मे अपने ऊँटों को लाया करते थे, ये ऊँट हर उम्र के होते थे जो लोगों के निजी सामानों से लदे होते थे। ये ऊँट बड़े ही खूबसूरत जेवरों से सजे हुए होते थे और सारे जेवर आपस में इस तरह जुड़े दिखते थे जिस तरह अँगूर की बेले जुड़ी दिखाई देती हैं।

मैं अल्लाह से पनाह माँगता हूँ, उन सभी लोगों की तोहमतों से, जो हम पर बिना हमारी गलती के झूठे इलज़ाम लगाते हैं और हम पर बोहतान कसते हैं जबकि हम बेगुनाह हैं। मैं ऐसे लोगों से दूरी बनाकर रखता हूँ जो हमारे बारे में और हमारे अक़ीदे के बारे में झूठ फैलाते हैं और हमें बदनाम करने की कोशिश करते हैं।

मैं उस अल्लाह से हिफ़ाज़त का साया माँगता हूँ की जिसने मक्का के पहाड़ व पहाड़ियों, सौर, सबीर, अईर, हिरा को महफूज़ रखा है। मैं अल्लाह के रसूल से मदद माँगता हूँ की जो हिरा की पहाड़ी के ऊपर गए और नीचे आए। मैं, खाना ए काबा में, मक्का में, रुक्न व मक़ाम की हिफ़ाज़त में व अपने लिए अमान व हिफ़ाज़त चाहता हूँ, (और इनके ज़रिए अपने खानदान के लिए हिफ़ाज़त चाहता हूँ) बेशक अल्लाह किसी बात से बेखबर नहीं।

मैं इन सभी जगह पनाह चाहता हूँ - मक्का में और मक्का के आसपास के इलाकों में, हज्र ए अस्वद की जिसे लोगों ने चूमा, हज़रत इब्राहीम अलैहिस्सलाम के मकाम में - वो पत्थर की जो आपके मुबारक कदम रखने पर पिघल गया और आपके कदमों के मुबारक निशान उस पर छप गए। इसी तरह सफा व मरवा के दरम्यान हर कदम के निशान, जहाँ लोग रब की निशानियाँ पाते हैं और अराफात का मैदान जहाँ से लोग गुज़रते हैं, मशारुल हरम और ऊँचे मकाम (अराफात), जहाँ पाक ओ पाकीज़ा इमाम व सरदार, नसीहत से भरी ख़िताबत करते हैं, और वो वादियाँ जो ऊँचाई और गहराई में बसी हैं और वो तमाम जगहें जहाँ से हज के मुसाफिर गुज़रते हैं। जहाँ वो कुर्बानी देते हैं जैसे बहता हुआ पानी और जहाँ वो शैतान को

कंकड़ियाँ मारने के लिए इकट्ठा होते हैं।

जमरत के क़रीब, रात में जब हाजी वहाँ से गुजर रहे थे तब बनी किन'दह के एक शख़्स ने और बनी बक्र के एक शख़्स ने मिलकर एक इज्तेमा किया और हमसे तआल्लुक़ कत'आ करने का समझौता व मुआहिदा किया। वो लोग हमारे ख़िलाफ़ साज़िश कर रहे थे और दौड़ते हुए घुड़सवारों की तरह इधर-उधर भाग दौड़ कर रहे थे। हम पर ज़ुल्म करने का उनका ये मुआहिदा सिर्फ़ चमकते हुए भालों और तलवारों से ही ख़त्म हो सकता था।

जैसा की मैंने बताया, जब क़ुरैश खानदान के सारे ही कबीलों ने हमसे तआल्लुक़ कत'आ करने का मुआहिदा कर लिया तो क्या कहीं कोई ऐसी जगह बची थी की जहाँ हम अमन ओ सुकून के साथ ख़ामोश रह पाते?, क्या यहाँ कोई ऐसा बचा है की जो अल्लाह का ख़ौफ़ रखता हो और जो ये जानता हो की हक़ क्या है और क्या नहीं?

इन लोगों से कह दो की रसूलुल्लाह को नुकसान ना पहुँचाएँ और रसूल ए खुदा को अज़ीयत ना दें।

अब हालात बिगड़कर उस मकाम तक पहुँच गए हैं की क़ुरैश के लोगों ने हमारे दुश्मनों से मशवरा लेना शुरू कर दिया है और हमारे खिलाफ़ काम करने लगे हैं। ये लोग हमें मक्का से बाहर निकालना चाहते हैं और चाहते हैं की तुर्क, काबुल और सारी जगह के दरवाज़े जो हमारे नज़दीक हैं या दूर हैं हम पर बंद हो जाएँ।

रब ए काबा की कसम खाकर कहता हूँ, ऐसा कभी नहीं होगा की हम पैग़म्बर ए इस्लाम को अकेला छोड़ दें। क़ुरैश हमारे खिलाफ़ जो साज़िश रच रहा है, ये गिरे हुए रवैए में भी सबसे गिरा हुआ रवैया है।

हम हमेशा मुहम्मद की नुसरत करेंगे, जब तक हम मर नहीं जाते हम उसके लिए मेहनत करते रहेंगे और अगर हमें अपने खानदान से अलग होना पड़ा तो वो भी मंजूर है। मुझे मालूम है की हमारी मौत के बाद भी, लोग अपने हथियारों के साथ, उठ खड़े होंगे और तुम्हें हरा देंगे, वो तब तक तुम्हारा मुक़ाबला करेंगे जब तक तुम, मर नहीं जाते और मर के दफ़न नहीं हो

जाते।

अल्लाह की कसम! मैं देख पा रहा हूँ की क़ुरैश के सरदारों से लड़ने के लिए अब तलवारें चमक रही हैं। हमारे बहादुर जाँबाज़ फर्दों के हाथ से हमारी तलवारें, दुश्मनों पर इस तरह टूट पड़ेंगी, उनके सरों पर इस तरह गिरेंगी, जिस तरह जलता हुआ दुम दार तारा (धूमकेतु, पुच्छल तारा) गिरता है। हमारे ज़ाँबाज़ उतने ही वफादार भी हैं, जितने की वो बहादुर हैं। अरब वालों के साथ ये टकराव यूँ ही लंबे वक़्त तक जारी रहेगा, दिन महीनों में तब्दील होते जाएँगे और महीने सालों में और साल दर साल गुज़रते जाएँगे।

याद रखना, हमें फर्क़ नहीं पड़ता, चाहे जो भी हो हम, मुहम्मद सल्लललाहु अलैहे व आलिही व सल्लम का साथ देना व तरफदारी करना नहीं छोड़ेंगे। सैयद (सरदार/मुहम्मद) का साथ छोड़ देना, हमारी ज़िंदगी का सबसे बेहतरीन अमल होगा। जब लोग, उनके रौशन व नूरानी चेहरे की कसम खाकर रब से बारिश की दुआ करते हैं तो बारिश होती है (खुश्क जगहों पर).. वो, जो पनाह देने वाला है बेवाओं और यतीमों को। बनी हाशिम के बेबस और मज़्लूम लोग सिर्फ़ एक उनके (रसूलुल्लाह) पास ही पनाह और उम्मीद की रौशनी पाते हैं। वो तमाम इंसानियत व मख़्लूक़ में सबसे बेहतर हैं और आलामीन के लिए अल्लाह का अता किया तोहफा हैं।

जहाँ तक उसैद और उसके परिवार के रवैये की बात है, तो मैं अपनी ज़िंदगी की कसम खाता हूँ की इन्होंने दुश्मनी व हसद की बिना पर हमें उस तरह से हमारे घरों से निकाला जैसे कोई खाने के छोटे-छोटे लुकमे बना देता है जिसे दूसरे खाते हैं। (यानी हमें घर से निकालकर कमजोर कर दिया और दूसरों के सामने खाने की तरह परोस दिया ताकि दुश्मन हमें आसानी से हरा सकें।)

इसमें उस्मान बिन उबैदुल्लाह और कुनफ़ूज़ बिन उमैर जैसे लोगों के लिए कुछ नया नहीं बल्कि वो तो तकब्बुर में चूर उनके सरदारों के वफादार हैं। इन्होंने गिरे हुए लोगों में भी जो सबसे घटिया हैं यानी उबई और अब्द ए यागूत, उनके हुक्मों पर अमल किया और हमारी ज़रा भी परवाह ना की।

हम सबसे अलग हो गए और अकेले हो गए की हम ने शैतान की पैरवी करने वाले सबी इब्न ए ख़ालिद और नुफैल बिन ख़्वालिद के ज़ुल्मों को झेला। इनमें से किसी ने भी हम पर व हमारे हालात पर रहम ना दिखाया। (इन्हें ये याद रखना चाहिए) एक बार जब हम इनसे जंग करने के लिए तैयार हो जाएँगे और अल्लाह हमें मौका देगा तो हम इन्हें इनके आमाल ओ ज़ुल्म का बदला ज़रूर देंगे।

ठीक इसी तरह, अबु उमू (अमू), कुर्ज़ा बिन अब्द ए उमू, भी दुश्मनी ज़ारी रखा और हमें ये बताने की कोशिश करता रहा की अपनी सवारी पर सवार हो (यानी ऊँटों और घोड़ों पर बैठो) और यहाँ से दूर चले जाओ। ये हमसे सुबह व शाम, बड़े अच्छे से दोस्त की तरह बातचीत किया करता था। इसने हमें धोखा दिया हालाँकि इसने कसम खाई थी की ये ऐसा कभी नहीं करेगा। ये खुलकर हमारी मुख़ालिफ़त करता है और हमारे खिलाफ बोलता है और इसे नफरत व दुश्मनी की वजह से कोई शर्मिंदगी भी नहीं। इसे लगता है की मक्का से शाम और ईराक़ और इसके दरम्यान की ज़मीनें हमारी हुदूद से बाहर हैं।

ऐ लोगों! अबु वलीद (उतैबा बिन राबि'यह) से कह दो की हमारे खिलाफ उसकी धोखेबाज़ी और दुश्मनी से कोई नतीजा नहीं निकलेगा। अलबत्ता की ये जिम्मेदार और इल्मदार शख़्स कहलाता है और ये बात ये खुद भी जानता है।

ऐ उतैबा! (अल्लाह के वास्ते), उन लोगों की बातें ना सुनो जो धोखेबाज़ हैं और हमारे दुश्मन हैं की ये लोग झूठे हैं और हमसे हसद रखते हैं। मैं इस बात से डरता हूँ की अगर तुमने उन पर लगाम ना लगाई और वो हमारी मुख़ालिफ़त में यूँ ही ज़ुल्म ओ ज़्यादती करते रहे तो हमें इस ज़मीन पर एक बहुत बड़ी जंग और बहुत बड़ा टकराव देखना होगा जो यक़ीनी हमारे और उनके बीच होगा।

ऐ अबु सूफियान! जब तुम हमारे क़रीब से गुज़रे तो तुमने अपने चेहरे को हमारी (बनी हाशिम) की तरफ से फेर लिया। जैसा की तुम यमन के एक इज़्ज़तदार आदमी हो। कभी तुम नज्द की तरफ़ जाते हो, कभी तुम तुम्हारी ज़मीन और कुएँ की तरफ जाते हो और लोगों को हमारे खिलाफ़ भड़काते हो, हम लोग इन सब मामलों से बाख़बर हैं।

मैं जानता हूँ की बुराई को नज़रअंदाज़ नहीं किया जा सकता और हमें अपने खुले दुश्मनों से, भलाई की उम्मीद करना भी नहीं चाहिए।

ऐ कुरैश के लोगों! जिन लोगों ने हमसे तआल्लुक़ क़तआ करके हमारी मुख़ालिफ़त शुरू कर दी है, तुम सब अगर मिलकर भी हम पर हमला करो तो हमें अब इस बात की कोई फिक्र नहीं क्योंकि तुम हमें नुकसान नहीं पहुँचा सकते। तुम्हारा हमला उस बारिश की तरह रहेगा की जिसे हवा उड़ाकर ले जाती है। अभी हालात यूँ चल रहे हैं की लोग हमारे पास रहम दिखाने के लिए आते हैं हालाँकि उनके दिलों में धोखा व फरेब छिपा होता है।

ऐ मुत'अम! तुम्हें आज हमारी कोई फिक्र ही नहीं लेकिन याद रखना की जब तुम्हें हमारी सख़्त ज़रूरत थी तब हम तुम्हारा साथ छोड़कर भागे नहीं बल्कि हमने आगे बढ़कर तुम्हारा साथ दिया और तुम्हारी उस वक़्त नुसरत की कि जब बहुत लोग तुम्हारे खिलाफ़ खड़े थे। ऐ मुत'अम! इन लोगों ने तुम्हें जाल में फँसा लिया है और तुम मुझे बख़ूबी जानते हो, तुम्हें ये बात मालूम होना चाहिए की जब तक मैं जिंदा हूँ ये लोग मुझे झुका नहीं सकते, ना मैं खुदको इनके सुपुर्द ही करूँगा।

बनी अब्दुस्-शम्स और नुफ़ैल की जिन्होंने हमारे खिलाफ़ साज़िश कीं और गलत रवैये की शुरूआत की, बहुत जल्द ही अल्लाह के गज़ब और अज़ाब की चपेट में आ जाएँगे और अल्लाह रब उल इज़्ज़त का अज़ाब भी, अदल व इंसाफ़ से भरा होता है। ये ना ही गलत होगा और ना ही कम ही किया जाएगा (यानी गुनाहगार को सज़ा मिलेगी)। इन्होंने जो कुछ भी किया है, उसकी गवाही इनकी अपनी नफ़्स देगी और सब साफ तौर पर वाजेह हो जाएगा। अपनी इल्म की कमी, जहालत, नफरत और हमसे दुश्मनी की बिना पर, इन्होंने बनी ख़लफ़ और बनी ग़ैत'लह को हमारे ख़िलाफ़ खड़ा कर दिया।

ये बात सब जानते हैं की हम बनी हाशिम के दरम्यान आला दर्जे के लोग हैं जो कुसई की नस्ल से हैं, जिन्हें उनकी खूबियों और फ़ज़ीलतों की वजह से जाना जाता है और पहले से ही इनका अदब, इज़्ज़त व एहतराम किया जाता है। हज के दौरान हम ही जिम्मेदार होते हैं जो हाजियों की प्यास मिटाने के लिए पानी का इंतज़ाम करते हैं। कुरैश और अरब के बीच हम हमेशा आला शरफ व बुलंद मकाम पे रहे हैं।

अब ये हालात हैं की ये लोग आपस में ही मशवरे करके हमारे खिलाफ़ मुआहिदे बना रहे हैं और हमारे खिलाफ़ हसद, गीबत, नफरत से भरी बातें और खून खराबे की बातें करते हैं। ये कुछ शैतानी कबीलों की साज़िश है मसलन के तौर पर मुशरिक बनी उमैया की जो हमारी दुश्मनी में पागलपन की हद तक पहुँच चुके हैं।

बनी जाम'आ, जो कैस बिन अक़ील की गुलाम है कोई काम की नहीं। ठीक इसी तरह बनी सहम और बनी मख़्ज़ूम, शैतान की तरह हैं, इनके किरदार बुरे हैं और ये हमारे मुख़ालिफ़ीन हैं। ये बदकिरदार लोगों को हमारे खिलाफ़ आने के लिए तैयार करते हैं, शैतान की तरह, फसादी और लुई बिन ग़ालिब के घराने के फिज़ूल लोग, हमें तकलीफ़ और नुकसान पहुँचाने के लिए क़ुरैश के लोगों के साथ मिल गए हैं।

जहाँ तक बनी नुफैल और उनके परिवार के लोगों की बात करें तो ये बनी मु'अद के सबसे बेकार और बदतरीन लोग हैं जो इस रू ए ज़मीन पर चलते हैं।

ऐ अब्द ए मनफ़ (मुनफ़) के लोगों! तुम इन सबमें सबसे बेहतरीन हो इसलिए तुम्हें चाहिए की इन बदकिरदार, निकम्मे और फिज़ूल लोगों में ना घुलो मिलो।

मुझे डर है की अगर अल्लाह की मेहरबानी तुम पर ना रही और तुम्हारे मामले सीधे ना रहे तो तुम्हारे कबीले में भी वो ही हालात बनेंगे जी बनी वईल में बने थे। (जिनकी औलादें आपस में ही लड़ने झगड़ने लगी थीं), मैं अपनी जान की कसम खाता हूँ! तुम कमजोरी और बुज़दिली दिखा रहे हो और उस रास्ते पर चल रहे हो जिस पर कभी भरपाई ना हो पाने वाला नुकसान सहोगे। पहले तुम्हें आला व शरीफ़ लोगों में गिना जाता था और तुम्हें शराफत का ज़रिया समझा जाता था लेकिन तुमने अपनी खुदकी इज़्ज़त व बुलंदी को इन कमज़र्फों के साथ रहकर खो दिया।

ऐ अब्द ए मनफ़ के लोगों! और तुम में से वो की जिन्होंने हमारे दरम्यान कड़वाहट होने के बावजूद, हमसे तआल्लुक़ क़तआ करने के मुआहिदे के बावजूद, हमारा साथ दिया, सब तारीफ़ के लायक हैं और हमारी दुआएँ तुम्हारे साथ हैं। पुराने दौर में जिस तरह किसी मुल्क या कबीले ने हक़ व सच का साथ देकर, मज़लूम व हक़परस्तों का साथ देकर इज़्ज़तें, खुशियाँ और सुकून पाया है ठीक उसी तरह तुम भी हमारा साथ देकर कम वक़्त में ही इज़्ज़तें, खुशियाँ और सुकून ज़रूर पा लोगे।

कुसई (क़ुरैश) के लोगों को ये बता दो हमारा अक़ीदा, सारी दुनिया में ज़रूर फैलेगा और अगर अब भी ये हमसे अलगाव रखेंगे तो अनक़रीब बहुत ज़लील ओ ख़्वार होंगे। कुसई के लोगों और उनके परिवारों को ये भी बता दो की भले ही उन्होंने सख़्त हालातों में हमारा साथ छोड़ दिया है लेकिन उन पर अगर मुश्किल हालात आए या हादसात पेश आए तो हम हमेशा उनके साथ खड़े रहेंगे और उनका साथ देंगे और हर मुमकिन मदद करेंगे। अगर कोई तलवारों के साथ इनके घरों में दाखिल हो जाए तो तुम हमें ही इनकी हिफ़ाज़त करते पाओगे और इनकी औरतों और बच्चों की हिफ़ाज़त भी हम करेंगे।

अगर आज का'ब बिन लुई के लोग नफरत की बिना पर हमारे खिलाफ़ एकजुट हुए हैं तो एक दिन ऐसा भी आएगा की इनके आपस में ही अलगाव के हालात बनेंगे और ये बिखर जाएँगे। जिस तरह इनके घराने ने पहले के दौर में इज़्ज़त पाई थी, ठीक उसके उलट, पैग़म्बर ए ख़ुदा से नफरत व दुश्मनी की वजह से ये ज़िल्लत उठाएँगे।

हमारे सभी दोस्त और रिश्ते ख़ासकर माँ की तरफ के, जिनके साथ हमारे अच्छे तआल्लुक़ात थे और जिनसे हमें मदद व नुसरत की उम्मीद थी वो अचानक गायब और ओझल होते दिख रहे हैं। इन सबने ख़ुदको बेकार और फिज़ूल साबित किया है सिवाय किलाब बिन मुर्रा और उसके घराने के की इन्होंने हमेशा हमारा साथ दिया और हमें तकलीफ़ पहुँचाने की भी कोशिश नहीं की।

ऐ शेर की तरह बहादुर लोगों! जबकि दूसरे हक़ व सच के लिए आवाज़ नहीं उठा रहे और अपने मुँह बंद करके खड़े हैं, तुम्हें चाहिए की तुम अपनी आँखें बंद ना रखो। इनमें भी सबसे बेहतरीन हमारा भतीजा ज़ुहैर है जो दुश्मनों के सामने म्यान से बाहर निकली तलवार की तरह खड़ा रहता है। वो उसके घराने के बाकि नौजवानों से ज़्यादा बुलंद व आला है और वो बड़ा बहादुर और हक़परस्त है।

अल्लाह की कसम! मुझे मुहम्मद मुस्तफ़ा से बेहद मुहब्बत है। मैं अपने बेटे अली और जाफर से भी बेहद मुहब्बत करता हूँ। मैं अपने इन दोनों बेटों से बेहद मुहब्बत इसलिए करता हूँ की ये मुहम्मद मुस्तफ़ा की हिफ़ाज़त के लिए अपना सब कुछ यहाँ तक की अपनी जानें भी देने के लिए तैयार रहते हैं।

दुनिया के लोगों को ये बात समझ लेना चाहिए की मुहम्मद रसूलुल्लाह की नुसरत व मदद के लिए मैं अहद किया हूँ (यानी अडिग हूँ) अगर नौबत आ गई तो मैं तलवारों और भालों के साथ जंग करूँगा।

मैं अल्लाह की कसम खाता हूँ! इसकी (रसूलुल्लाह) शख़्सियत उन लोगों के लिए हमेशा फ़ज़ीलतों का ज़रिया रहेगी जो इससे मुहब्बत करेंगे। इस दुनिया में ऐसा कौन है जो लोगों के लिए उम्मीद का मरकज़ है?, दुनिया में ऐसा कौन है जो इससे ज्यादा इज़्ज़त वाला, सखी व करीम और आला है?

हिल्म और इल्म की बुलंदी पर जो लोग हैं, जो ग़ैर जानिबदार यानी निष्पक्ष हैं और अदल ओ इंसाफ़ पसंद करते हैं, जो सब्र और साबित कदमी के साथ रहते है, और जो अल्लाह की इबादत करते हैं और अल्लाह व उसके रसूल से मुहब्बत करते हैं। अल्लाह अपने हबीब पैग़म्बर ए इस्लाम मुहम्मद मुस्तफ़ा की नुसरत करेगा। उनके दीन को कुबूल करेगा और फैलाने में मदद करेगा की ये ही सच्चा और बाकि रहने वाला हक़ीक़ी दीन है। वो अल्लाह की जिसने खुद कहा है, "मैं और मेरा रसूल, फ़ातेह हैं, हमेशा हम ही जीतते हैं (और जीतेंगे)।"

अल्लाह ने दीन भेजा जो पहले आए दीनों को मुकम्मल करता है (यानी पहले अता किए दीन में जो बिगाड़ कर लिए गए उन्हें दूर करता है और कुछ नई बातें सिखाकर मुकम्मल करता है), और अल्लाह ने हम तक हक़ीक़ी दीन लेकर अपना पैग़म्बर पहुँचाया ताकि पुराने सभी दीन इसकी तरफ आएँ और बेदीन भी इसकी तरफ आएँ और हक़ीक़ी दीन पर जम जाएँ।

इस दुनिया में रहने वाले सभी लोग ये बात बख़ूबी जानते हैं की मेरे भतीजे मुहम्मद ने झूठ या बेहूदगी से भरा एक भी लफ़्ज़ नहीं बोला और ना ही वो कभी ऐसा कर सकता है। इनके घर के सभी लोग मुकर्रम व मुअज़्ज़म हैं। वो ना ही कमजोर हैं और ना ही बुज़दिल हैं और इनके किरदार में सारी सिफत इन्हें इनके अज्दाद से विरासत में मिले हैं।

जो मुहम्मद का इंकार करेगा और उसकी मुख़ालिफत में हद से गुजरेगा, हम उन्हें भगा देंगे और तितर-बितर कर देंगे। (बिखरा देंगे या मुंतशिर कर देंगे या इधर-उधर भागने पर मजबूर कर देंगे), ये ज़ालिम और जाहिल लोग हैं, जो पैग़म्बर के खिलाफ हसद रखते हैं, तबाह हो

जाएँगे।

बनी हाशिम और मुतय्यिबीन के नौजवान, चमकली हुई तलवारों और हमलावर शेरों के मानिंद हैं जो अपने दुश्मनों को टुकड़ा-टुकड़ा कर देते हैं। हम उन आलातरीन कबीलों और खानदानों से आते हैं की दुनिया के तमाम नेक बुजुर्ग हमसे जुड़ाव रखने में फ़ख़्र महसूस करते हैं। हसद और जलन रखने वाले ये तमाम लोग जल्द ही देखेंगे की कामयाब कौन है और कौन सर ऊँचा उठाकर चलेगा।

जब जंग का वक़्त करीब आ जाएगा हम देखेंगे की हमारे खिलाफ़ तलवारों के साथ कौन खड़ा है और हमारा साथ देने हमारी दिफा में कौन खड़ा है। उसके बाद सारा ज़माना ये देखेगा की फ़तहयाब कौन हुआ और ज़माने वाले, हमारे जाँबाज़ और शुजाअत से भरे सिपाहियों की तारीफें करेंगे।

मुहम्मद मुस्तफ़ा सल्लललाहु अलैहे व आलिही व सल्लम सबसे आला व शरीफ़ हैं की कोई उनके मुक़ाबले में नहीं ठहर सकता। मैं आने वाले उस वक़्त को अभी से देख सकता हूँ की मक्का के ये लोग जो आज मुहम्मद के खिलाफ़ हैं, कल शिकस्त खा जाएँगे। मुहम्मद ही उनका हादी होगा जो उन्हें सच, हक़ और दीन का असल रास्ता दिखाएगा।

इस मामले के मुताल्लिक़ शक की कोई गुंजाइश नहीं की रसूल ए खुदा की नुसरत व हिफ़ाज़त के लिए मैं अपनी जान भी कुर्बान कर दूँगा और हिफ़ाज़त ए रसूल के लिए मैं, रू ए ज़मीं के सबसे बहादुर लड़ाकों से भी लड़ जाऊँगा।

मेरे ज़हन में कोई शक नहीं की मेरा अल्लाह, अलम ए मुहम्मद को औरों से ज़्यादा, सबसे ज़्यादा ऊँचा उठाएगा। मुहम्मद सल्लललाहु अलैहे व आलिही व सल्लम को इस दुनिया में और यौम ए आखिरत में सबसे मुअज़्ज़म, आला, बुलंद व कुव्वत वाला मकाम अता होगा।

# 39

# कुफ्फार के जवाब में

हज़रत अबु तालिब अलैहिस्सलाम ने, मुहम्मद रसूलुल्लाह को जिन ज़ुल्मों का सामना करना पड़ा, उस पर अफसोस करते हुए लिखा -

ارقت وقد تصوبت النجوم

وبت وما تسا لمك الهموم

لظلم عشيرة ظلموا وعفوا

وغب عقوقهم كلا وخيم

همو انتهكوا المحارم من اخيهم

وليس لهم بغير اخ حريم

الى الرحمن والكرم استذ موا

وكل فعا لهم دنس ذميم


بنوتيم توا زرها هصيص

ومخزوم لها منا قسيم

فلا تنهى غواة بنى هصيص

بنو تيم و كلهم عديم

ومخزوم اقل القوم حلما

إذا طا شت من الوره الحيوم

اطا عوا ابن المغيرة وابن حرب

كلا الرجلين متهم مليم


وقالوا حطة جورا وحمقا

وبعض القول ابلج مستقيم

لنخرج ها شما فيصير منها

بلا قع بطن زمزم والحطيم

فمهلا قو منا لا ترر كبو نا

بمظلمة لها امر عظيم

فيندم بعضكم ويذل بعض

وليس بمفلح ابد اظلوم

فلا والرا قصات بكل خرق

الى معمور مكة لا نريم

طوال الدهر حتى تقتلو تا

و نقتلكم و نلتقى الخصوم

ويضرع خو له منا رجال

و تمنعہ الخو ولة والعموم

و يعلم معشر ظلموا و عفوا

بانهمو هم الخد اللطيم

ارادوا قتل احمد ظالموه

و ليس بقتله فيهم زعيم

و دون محمد منا ندى

هم العر نين والانف الصميم

Araq'tu wa'qad ta'sav vab'ti an nuju'mu
    Wa bat'tu wa'maa ta'saa la'maka al humu'mu
    La zul'mi ashi'ratin zala'mu wa ou'qu
    Wa ghib'bu ou'qu qi'him ka'la aa wa khi'mu

Ha'mu an'ta ha'kum al ma'haa ri'ma man akhi'him
    Wa lay'sa la'hum bi ghai'ri akhin ha'rimu
    Ilaa ar rah'maani wa al kara'dmi as'ta zam'mu
    Wa kul'lu fa'aa li'him dani'san zami'mu

Ba'nu tai'min tu'aa ziru'haa hu'sai san
    Wa makh'zu mun la'haa min'naa qasi'mu
    Fa'laa tan'haa ghu'waata ba'ni hu'sai sin
    Ba'nu tai'min wa kul'lu hu'mu adi'mu


Wa makh'zu man aqal'lu al qau'mi hil'man
    Izaa taa'shat mi'na al wa'rahi al hu'yimu
    Ataa'ou ab'na al mu'ghi ra'ti wa ab'na har'bin
    Ka'la ar'ra julai'ni mut'ta hi'ma mu'limu


Wa qaa'lu hut'ta tan ju'rau wa hum'qa
    Wa ba'zu al qau'li ab'ligh mus'ta qi'mu
    La nukh'riju haashi'man fa'yasiru min'ha
    Ba'laa qa'aa bata'nu zam'zama wal hati'mu


Fa'mah lan qau'manaa laa ta'rar kabu'naa
    Bi'maz lama'tin la'haa am'ru azi'mu
    Fa'laa wa ar'raa qi'saata ba kul'li khar'qin
    Ilaa ma'muri mak'kata laa nari'mu


Ti'waala ad'dahri hat'taa taq'tulu naa
    Wa'naq tula'kum wa'nal taqi'yaa al khu'sumu
    Wa'yaz ra'aa hau'lahu min'naa rijaa'lun
    Wa'tam na'ahu al'khu wa'latu wa al umu'mu


Wa'ya la'ma ma'sharun za'lamu wa af'fu
    Bi an'na hu'mu hu'mu al khad'du al lati'mu
    Araa'du qat'la ah'mada zaa'la mu'hu
    Wa lai'sa bi qat'li hi fi'him zayi'mu


Wa'duna mu'hammadam min'naa na'dai yu
    Hu'mu al ir nai'nu wa al an'fu as'samimu

तारे फीके पड़ने लगे हैं लेकिन मैं जाग रहा हूँ, मैं अपने उस दर्द से लड़ता हूँ जो हमें, हमारे दुश्मनों से मिला है और ये ही है जो मुझे जगाए रखता है। हमारे अपने लोग जो ज़ुल्म और इंकार के रास्ते पर रहे, ये बख़ूबी जानते हैं की इनका ये अमल इन्हें ख़ुशी नहीं दे सकता। इन्होंने भाईचारे की डोर और रिश्ते को पामाल किया है ये जानते हुए की इन्हें आम माफी देने वाला कोई नहीं है, इनके भाई के अलावा।

इन्होंने रसूल ए ख़ुदा के रहमत वाले अमल ओ अख़्लाक़ की तौहीन की हालाँकि इन्हें ख़ुदके आमाल के बारे में जानना चाहिए जो ख़ुदमें ही बड़े शर्मनाक और घटिया हैं।

रसूल ए ख़ुदा से दुश्मनी की बिना पर, बनी तय्यिम और हसीस एक दूसरी की मदद कर रही हैं और बनी मख़्ज़ूम तो पहले से ही हमसे हसद रखते हैं।

बनी तय्यिम, बनी हसीस के भटके हुए नौजवानों पर लगाम नहीं लगा सकेगी क्योंकि ये दोनों ही दानिशमंद नहीं और इनमें अक़्ल व इल्म नहीं। अगर बनी मख़्ज़ूम को दुनिया के सबसे लाइल्म लोगों के साथ तौलकर देखा जाए तो ये उन सबमें सबसे नीचे पायदान पर साबित होंगे। ये लोग, वलीद बिन मुग़ीरा और अबु सुफियान इब्न ए हर्ब की इताअत करते हैं हालाँकि ये दोनों बड़े ही बदतहज़ीब, बदकिरदार लोग हैं जिनकी मलामत की जाना चाहिए।

दुनिया में बहुत सारी चीज़ें और बातें ऐसी हैं जो एक दम साफ और सीधी हैं और इन्होंने जो कहा है वो बकवास और दूसरों को बेवजह दबाने से ज़्यादा कुछ नहीं। उनका कहना है की हम, बनी हाशिम को मक्का से निकाल देंगे और फिर ज़म-ज़म और हलीम इनसे आज़ाद हो जाएँगे।

ऐ लोगों! इंतज़ार करो, हमारे ख़िलाफ़ कोई साज़िश शुरू ना करो, जो बाद में तुम्हारे लिए ही बड़ी खतरनाक साबित हो जाए। आखिर में तुम में से कुछ लोगों के लिए तुम्हारे अपने आमाल, इज़्ज़त खोने और शर्म का बाइस बनेंगे। ज़ुल्म करने वाले ज़ालिम कभी भी अमन ओ अमान वाले किरदार की तरफ़ नहीं पलट सकते।

मैं हर उस जानदार की कसम खाकर कहता हूँ जो मक्का की तरफ आती है की हम मक्का को कभी नहीं छोड़ेंगे जब तक तुम्हारे और हमारे बीच भयानक जंग ना छिड़ जाए।

अल्लाह के पाक पैगम्बर की हिफ़ाज़त और रखवाली के लिए हम अपनी जानों को कुर्बान करने भी तैयार हैं। उसके (रसूलुल्लाह सल्लललाहु अलैहे व आलिही व सल्लम) के ददिहाल व ननिहाल वाले तमाम कुर्बतदार, उसकी हिफ़ाज़त करेंगे।

मुहम्मद की मुखालिफ़त में ज़ुल्म करने वाले जल्द ही समझ जाएँगे की उनकी अपनी तक़दीर में सिर्फ़ ज़िल्लत और नीचे गिरना ही लिखा है।

ये ज़ालिम ख़्वाहिश रखते हैं की ये अल्लाह के पैग़म्बर को क़त्ल कर दें हालाँकि इनमें ये कर पाने की हिम्मत ही नहीं है।

अल्लाह के पाक पैगम्बर की हिफ़ाज़त के लिए हमारे नौजवान और बहादुर लड़ाके, हमेशा तैयार खड़े हैं और वो मुहम्मद सल्लललाहु अलैहे व आलिही व सल्लम को हर कीमत पर बचाकर रहेंगे।

# 40

# मुआहिदा ख़त्म होने पर

जब ख़ाना ए काबा के अंदर रखा मुआहिदा का कागज़ चींटीं या दीमकों ने खा लिया सिवाय नाम ए ख़ुदा के कागज़ पर कुछ बाकि ना रहा, तब कुरैश व कुफ्फार ए मक्का ने, बनी हाशिम के ख़िलाफ़ किया मुआहिदा ख़त्म कर दिया।

سقى الله رهطا همو بالحجون

قيام وقد هجع النوم

قضوا ما قضوا فى دجى ليلهم

ومستوسن الناس لا يعلم

بها ليل غر لهم سورة

يداوى بها الا بلع المجرم

كشبة المقاول عند الحجو

ن بل هم اعز وهم اعظم


لدى تجل مرشد، امره

الى الحق يدعو و يستعصم

فلو لا جدا رى نثا سبة

يشيد بها الحاسد المفعم

و رهبة عار على اسرتى

اذا ما اتى ارضنا الموسم

لتا بعته غير ذى مرية

ولوسىء ذو الراى والمحرم

كقول قصى ، الا اقصروا
ولا تركبوا ما به الما ثم
فا نا بمكة قد ما لنا
بها العز و الخطر الاعظم
و من يك فيها له عزة
حديثا فعز تنا الاقدم
و نحن ببطحا ءها الراسبو
ن و القائدون و من يحكم

نشأ نا و كنا قليلًا بها
لجير و كنا بها نطعمنطعم
اذا عش ازم السنين الانام
وحب القتار بها لمعدم
تمالى شيبة ساقى الحجيج
و مجد منيف الذرى معلم

Sa‘qa al’laahu rah’taa hu‘mu bil hu’juni
Qi‘yaa mau wa’qad haja‘aa an nau’mu
Qa‘zau maa qa’zau fi dau‘jaa lai’li him
Wa mas’tau si‘nu an’naasi laa ya‘lamu

Ba’haa lai‘lu ghur’run la’hum su’ratan
Yu daa‘waa bi’haa al ab‘lahu al muj’rimu
Ka’shi ba’ti al mi‘qaa wa’li in’da al hu‘ju
Ni’bal hum aa az‘zu wa hum aza’mu

La’da ra‘ju lim mur’shidim am’ru huhu
Ilaa al haq‘qi yad’ou wa yas’tasimu
Fa‘lau laa ji’zaari na’saa sub‘batin
Ya’shidu bi’haa al haa’sidu al muf‘amu

Wa rah’bata aa‘rin alaa us’rati

Izaa maa ataa ar'zanaa al mau'simu
La'taa bi atu'hu ghai'ra zi mir'yatin
Wa'lau si'aa zu ar'raayi wa al muh'ramu


Ka'qauli qu'sai yin alaa aq'saru
Wa'laa tar'kabu maa bi'hi al ma'aa sa'mu
Fa in'naa bi mak'kata qid'man la'naa
Bi'haa al iz'zu wa al kha'taru al aza'mu


Wa'man ya'ku fi'haa la'hu iz'zatan
Hadi'san fa iz'za tu'naa al aq'damu
Wa nah'nu bi bat'haa yi'haa ar'raa si'bu
Na'wa al qaayi'duna wa mai yah'kamu


Na'shaa naa wa kun'naa qali'lan bi'haa
Lu'jiru wa kun'naa bi'haa nut'yimu
Izaa ash'sha az'mu as'si ni'ni al anaa'ma
Wa hub'ba al qu'taara bi'haa la mu'dimu


Na'maa laa shai'batu saa'qi al haji'ji
Wa maj'da mu'nifu az zu'riyu mu'lamu


अल्लाह का रहम हो हुजून के लोगों पर की जब सारे क़बीले ग़फ़लत की नींद में सो रहे थे, हुजून के लोग ही बेदार हुए। रात के अँधेरे में इन्होंने आपसी मशवरा करके तय कर लिया, हालाँकि दूसरे सभी लोग उनके फैसले से अनजान थे। वो नेक व बहादुर थे जो परेशान चल रहे लोगों की मदद करते थे।


हुजून के लोग, यमन के हुक्मरानों की तरह अज़ीम थे बल्कि उनसे भी ज़्यादा। उन्होंने उस शख़्स की तरफदारी में फैसला लिया जो दीन का हादी है, उन्हें हक़ व दीन की तरफ़ बुलाता है और उनकी हिफ़ाज़त करता है।

अगर कुरैश के लोगों ने अपने ही कुछ लोगों की गीबत व हसद के बारे में गौर नहीं किया, अगर इन्होंने इस बारे में ही सोचा होता की हाजियों के सामने ये अमल इनके लिए बेइज़्ज़ती का बाइस बनेगा तो शायद इनमें से कुछ ने पैग़म्बर ए इस्लाम की मदद ज़रूर की होती।

जैसा की कुसई के घराने ने कहा है, "देखो और रुक जाओ और गुनाह की तरफ मत बढ़ो।"

हम मक्का में बहुत पुराने दिनों से ही हमारे तर्ज ए अमल और तहज़ीब की वजह से मुअज़्ज़म हैं। कुछ लोग ऐसे भी हैं जिन्हें अब इज़्ज़त मिलने लगी है लेकिन हमारी इज़्ज़त, पुराने दौर से ही चली आ रही है।

बतहा की इस ज़मीन पर हम साबित कदम हैं, हम लोगों की रहनुमाई करेंगे और हम खुद ही फैसले भी करेंगे। जब यहाँ कुछ ही लोग हुआ करते थे, हम यहाँ मौजूद थे और हमारा कबीला यहाँ रहता था। हम पहले से ही शरीफ़ व आला किरदार लोग हैं जो लोगों को रहने के लिए जगह देते हैं, उवकी हिफ़ाज़त करते हैं और उन्हें खाना खिलाते हैं। जब लोग सूखे की वजह से परेशान थे और ज़िंदगी मुश्किल हो गई थी, हमने ही दूसरों की मदद की।

अब्दुल मुत्तालिब, हाजियों के लिए पानी का इंतेज़ाम किया करते थे और लोगों ने उनकी शराफ़त और आला किरदार की निशानियाँ देखीं। उन्होंने पूरे शहर के लिए खाने का इंतेज़ाम किया।

# 41

## बनी हाशिम की तारीफ़ में

الحمد لله الذى قد شرفا

قومى واعلا هم معا و غطر فا

قد سبقوا بالمجد من تعرفا

نجد أتليد او اصلا مسطر فا

لو ان انف الريح جارا هم هفا

وصا رعن مسعا تهم مخلفا

كفوا اساة السى من تكلفا

كانو الاهل الخا فقين سلفا


واصبحوا من كل خلق خلفا

هم انجم وابد رلن تكسفا

وموقف فى الحرب اسنى موقف

أسد تهد بالزئيرات الصفا

ترغم من اعد اءهن الانفا

وتدفع الدهر الذى قد احجفا

لو عد ادنى جودهم لاضعفا

على البحار ، والسحاب استر عفا


Al'hamdu lil'laahi al lazi qad shar'rafaa

Qau'mi wa alaa hum ma'au wa ghat ra'faa

Qad saba'qu bi al maj'di man ta ar'rufaa

Naj'da ata li'dan aw'waasilan mus'tarifaa

Lau an'na an'fa ar'rihi jaa'raa hum ha'faa
  Wa'saa ra'an mas'aa ti'him mu'khal la'faa
  Ka'fu isaa'ta as'si aa man takal la'faa
  Kaa'nu li ah'li al khaa fi'qina sala'faa


Wa as'bahu min kul'li khal'qin kha'la faa
  Hum an'jumu wa ab'du ru'lan tuk sa'faa
  Wa mau'kifa fi al har'bi as'naa mau'kifaa
  Us'dun ta hud'du bi az'zayi iraa'ti as sa'faa


Ta'ra gha'mu min ada ayi hin'na al an'faa
  Wa'tad fau ad'dahra al'lazi qad ah'jafaa
  Lau ud'da ad'naa judi'him la az'afaa
  Ala al bi'haari, was sa'haaba as'tar afaa


मैं अल्लाह का शुक्रगुज़ार हूँ की रब ने हमें शराफत, भलाई और सरदारी से नवाज़ा। हम लोग, दूसरों और आसपास रहने वालों के मुक़ाबले में पहले से ही ज़्यादा आगे रहे हैं की हम शरीफ और अच्छे किरदार के रहे हैं और हमारी नस्लों ने इसे आज के दौर में भी बाकि रखा है। कोई भी शख़्स, हमारी कामयाबी को तौल नहीं सकता। हम मशरिक़ से मग़रिब तक हर ज़रूरतमंद की मदद करते हैं। हमारी ये सिफत ठीक वैसी ही है जैसे चमकता सितारा कभी ओझल नहीं होता यानी अपनी चमक नहीं खोता।


किसी भी जंग को उठाकर देख लो, हमें हमेशा बुलंदी पर ही पाओगे। हमारी पुकार, शेर की उस दहाड़ की तरह होती है जो आसपास की पहाड़ियों को भी कँपा देती है। हम अपने दुश्मनों को नाक रगड़ने पर मजबूर कर देते हैं। हम, ज़ालिमों को और उनके जुल्मों को मिटाकर रख देते हैं।


दूसरों की मदद करने के लिए की गई हमारी छोटी-छोटी कोशिशें, बहुत ऊँची और बड़ी हैं जैसे की समुंदर का फैलाव और उफ़ुक़ तक फैला आसमान।

# 42

# अपनी ज़मीन की हिफ़ाज़त

منعنا ارضنا من کل حی

کما امتنعت بطائفها ثقیف

اتاهم معشر کی یسلبوهم

فحالت دون ذلکم السیوف

Ma‘na naa ar’zanaa min kul‘li hay’yin

    Ka‘maa am’ta na‘at bi’taayi fi‘haa sa‘qifu

    Ata‘hum ma’sharun ki yas’lubu hum

    Fa‘haalat du’na zaali'kum as’suyufi

हम अपनी ज़मीनों को हड़पने से और ज़ुल्मों से बचाते हैं। हम अपनी ज़मीन को दूसरे कबीले के शर से भी बचाते हैं। ठीक वैसे ही की जैसे थकीफ़/सकीफ़ के लोगों ने ताइफ़ के लोगों की हिफ़ाज़त की थी।

जब कुछ लोग उनकी जमीनों को हथियाने आए, तो उन्होंने अपनी चम-चमाती तलवारों से खुद की हिफ़ाज़त की।

# 43

## बनी हाशिम की शान में

اذا اجتمعت يوما ما قريش لمفخر

فعبد مناف سر ها و صميمها

فان حصلت اشراف عبد منا فيها

ففى هاشم اشرافها و قديمها

فان فخرت يوما ، فان محمدا

هو المصطفى من سر ها و كريمها

تداعت قريش : غثها و سمينها

علينا فلم تظفر وطاشت حلومها


وكنا قديما لا نقر ظلامةً

اذا ما ثنو اصعر الخدود نقيمها

و نحمى حما ها كل يوم كريهة

و نضرب عن احجار ها من يرومها

بنا انتعش العود الذواء انما

باكنا فنا تندى و تنمى ارو مها

هم السادة الا علون فى كل حالة

لهم صر مة لايستطاع قرونها


يدين لهم كل البرية طاعةً

وككر مهم ملارض عندى اديمها

Izaa aj'tama at yau'man qurai'shu li maf kha'rin

Fa ab'du mu'naafin sir'ru haa wa sami mu'haa
Fa in hus'silat ash'raafu ab'di mu'naa fi'haa
Fa'fi haashi'min ash'raa fu'haa wa qadi mu'haa


Fa in fa'kharat yau'man, fa in'na muham'madan
Hu'wa al mus'tafaa man sir'ruhaa wa kari'muhaa
Ta'daa at qurai'shu, ghus'suhaa wa sami'nuhaa
Alai'naa fa'lam taz'far wa'taa shat hu'lu mu'haa


Wa kun'naa qadi'man laa nuqir'ru zu'laa ma'tan
Izaa maa'sanu su'ra al khu'dudi nuqi mu'haa
Wa nah'mi hi'maa haa kul'li yau'min kari'hatin
Wa naz'ribu an ah'jaari haa mai'yaru mu'haa


Bi'naa anta'sha al oudu az za'waau, wa in'namaa
Bi ak'naa fi'naa tan'da wa tan'ma uru mu'haa
Hu'mu as saada'tu al'aa alu'na fi kul'li haala'tin
La'hum sir'matal laa'yus tataa'ou qu'ru nu'haa


Yadai'nu la'hum kul'lu al bari'yati taa'atan
Wa kuk'ri mu'hum mi'la ar'zi in'di adi mu'haa


अगर सारे क़ुरैश इकट्ठा हो जाएँ और अपनी नेकियों को जमा कर लें तब भी अब्द ए मनफ की कामयाबी उन सबपर चमकेगी यानी ग़ालिब होगी। ठीक इसी तरह से अगर अब्द ए मनफ के तमाम लोक की नेकियों को मिला लिया जाए तब भी हाशिम के बेशकीमती अमल सबसे बुलंदी पर चमकेंगे।


हाशिम के घराने में ये फ़ख़्र उनकी औलादों में समाया हुआ है और मुहम्मद मुस्तफ़ा बाकि सभी से ज़्यादा ऊँचे और आला हैं।

ये इसी मुहम्मद की बात है की सभी नीची सोच के इंसान, इसके ख़िलाफ़ इकट्ठा हुए और आपस में मिल गए हालाँकि वो इसमें कभी कामयाबी ना पा सकेंगे।

उन्होंने अपने फहम और सोच को खो दिया है और इन्हें याद रखना चाहिए की पहले के दौर में भी हमने कभी, इनकी नाइंसाफी और खराब रवैये को बर्दाश्त नहीं किया। अगर फिर भी कोई उसके (मुहम्मद के) खिलाफ़ खड़ा होता है तो हम में इतनी कुव्वत बाकि है की हम उनका सामना कर सकें और इनकी बेमतलब की, कभी ना पूरी होने वाली ख्वाहिशों के खिलाफ़ खड़े रहें।

अगर इनकी तरफ से एक पत्थर भी अब हमारी तरफ आया तो हमें चाहिए कि अब हम भी इन्हें वही पत्थर मारकर वापिस करें। अलबत्ता की सूखी पत्तियाँ भी हरी-भरी पत्तियों में तब्दील होने लगीं ताकि हमारी मदद कर सकें। हमारे घराने के लोग! हर दौर में ही सरदार रहे हैं और कोई हमारा सामना नहीं कर सकता।

वो वक़्त और दौर भी आएगा जबकि तमाम दुनिया मुहम्मद के सामने झुक जाएगी और इस दुनिया में जो कुछ भी है, सबको मुहम्मद मुस्तफ़ा सल्लललाहु अलैहे व आलिही व सल्लम की ताज़ीम करना चाहिए।

# 44

# दूसरे कबीलों के ज़ुल्मों को बेनक़ाब करना

لمن اربع اقوين بين القدائم
أفمن عبد حاة الرياح النوائم
فكلفت عينى البكاء و خلتنى
قد انزفت دمعى اليوم بين الاصارم
و كيف بكائى فى الطول و قد اتت
لها حقب مذ فارقت ام عاصم ؟
غفا رية حلت ببو لان خلةً
فينبع او حلت بهنب الرجا ئم


فد عها فقد شطت بها غربة النّوى
و شعب اشت الحى غير ملائم
فبلغ على الشحناء افناء غالب
لويا و تيما عند نصر الكرا ئم
بانا سيوف الله و المجد كله
اذا كان صوت القوم وحى الغمائم
الم تعلموا ان القطيعة ما ثم
و امر بلاء قاتم غير حازم


وان سبيل الرشد يعلم فى غد
و ان نعيم الدهر ليس بدا ءم
فلا نسفهن احلا مكم فى محمّد

ولا تتبعوا أمر الغواة الا شائم

تمنيتم ان تقتلوة ، و انما

اما نيكم هذى كا حلام نائم

فا نكم و الله لا تقتلو نه

ولما تروا قطف اللحى و الغلاصم

ولم تنصرو الاحياء منكم ملا حما

تحوم عليها الطير بعد ملا حم

وتذ عوا بارحام او اصر بيننا

وقد قطع الارحام وقع الصوارم

و تسمو بخيل بعد جيل يحثها

الى الروع ابناء الكهول القما قم

من البيض مفضال ابى على العدا

تمكن فى الفرعين فى حى هاشم

امين محب فى العباد مسوم

بخا تم رب قا هر للخوا تم

يرى الناس برها نا عليه وهيبةً

و ما جا هل امرا كا خر عا لم

نبى اتاه الوحى من عند ربه

ومن قال : لا ، يقرع بها سن نادم

تطيف به جر ثو مه ها شميةً

تذ بب عنه كل عات و ظالم

Li'man ar'ba aa aq'waini bai'na al qi'daa yi'mi

Afa'man ab'da haa'tu ar ri'yaahi an na'waayimi

Fa kal'laftu ai'ni al bu'kaa aa wa khil'tuni

Qad anzaf'tu dam'yi al yau'ma bai'na laa'saa ri'mi

Wa kai'fa bu'kaayi fi at'tuli wa'qad atat

La'haa hi'qabu muz faa'raqat um'mu aasi'mi?

Ghi'faa ri'yatan hal'lat bi'bu la'na khal la'tan

Fa'yan bu'aa au hal'lat bi han'bi ar raja'yimi

Fada'haa fa'qad shat'tat bi'haa ghur'batu an na'wi
　　Wa shi'ba ashat'ti al hay'yi ghai'ru mu'laa yi'mi
　　Fa bal'ligh alaa ash'shah naa'yi af'naa aa ghaa'libi
　　Lu'wai yau tai'man in'da nas'ri al ka'raa yi'mi


Bi an'naa su'yufu al'laahi wa al maj'di kul'li hi
　　Izaa kaa'na su'tu al qau'mi wah'ya al gha'maa yi'mi
　　Alam ta'lamu an'na al qa'ti ata ma asi'mu
　　Wa am'ru ba'laayin qaa'tamin ghai'ri haazi'mi


Wa an'na sabi'la ar rush'di yu'lamu fi gha'din
　　Wa an'na nayi'ma ad'dahri lai'sa bi'daa yi'miyi'mi
　　Fa'laa nas'fahan ah'laa ma'kum fi muham'madin
　　Wa'laa tat ba'ou am'ra al ghu'waati al ashaa yi'mi


Ta'man ni'yatum an taq'tulu hu, wa in'namaa
　　Amaa ni'yu kum ha'zi ka ah'laami naayi'mi
　　Fa in'na kum wa al'laahi laa taq'tulu na'hu
　　Wa lam'maa ta'rau qat'fa al'lahyi wa al gha'laa si'mi


Wa'lam tan'suru al ah'yaa ou min'kum ma'laa hi'man
　　Ta'humu alai'haa at'ta ya'ru ba'da ma'laa hi'mi
　　Wa taz'ou bir'haamin au as'ra bai'ni naa
　　Wa'qad qata'aa al ar'haama waqa'ou as'sawaa ri'mi


Wa tas'mu bi khai'lin ba'da khai'lin ya hus'su haa
　　Ila ar'royi ab'naaou al ka'huli al qa'maa qi'mi
　　Mi'na al bai'zi maf'zaalun abi'yu ala al ida
　　Ta'mak ka'na fi al far ai'ni fi hai'yi haashi'mi

Ami'nun muhib'bu fi al ibaa'di mu'sav wa'mun
  Bi khaa'tami rab'bi qaahi'rin lil kha'waa ti'mi
  Yara an'naasu bur'haanan alai'hi wa hai'batan
  Wa'maa jaahi'lun am'ran ka'aa kha'ra aali'mi


Nabi'yu ataa'hu al wah'yu min in'di rab'bihi
  Wa'man qaa'la, laa yaq'ra aa bi'haa sin'na naadi'ma
  Tu'tifu bi'hi jur'sau ma'tan haashi'mi ya'tan
  Tu'zab bi'bu an'hu kul'li aa'tin wa zaali'mi


इन पुराने घरों में ये खाली-खाली घर किसके हैं, जिन्होंने दुश्मनों के ज़ुल्मों का बड़ी बहादुरी व शुजाअत से सामना किया। मेरी आँखों में आँसू हैं और मुझे लगता है की मैं आँसू बहा रहे लोगों के दरम्यान खड़ा हूँ। लेकिन मेरे इन बहते हुए आँसुओं का इन घरों को क्या फायदा जो सालों पहले छोड़ दिए गए और बर्बाद कर दिए गए।


जब बनी गफ़्फार ने इन घरों को छोड़ा तो वो बोलान आए जो बसरा के रास्ते में है और फिर यमन पहुँचे, हिल्ला के पास और फिर यहाँ ये वो यनबह पहुँचे यानी पहाड़ी के दूसरी तरफ। इस तरह घर से उजड़ने की वजह से इनके कबीले में आपसी लगाव व जुड़ाव भी टूट गया, बिखर गया। बहरहाल जो हमसे इतना दूर हैं, उनकी बातें छोड़ दें और बनी ग़ालिब, लुई और तय्यिम की बात करें, जो हमारे खिलाफ़ इकट्ठे हो रहे हैं।


उनसे कह दो की हम अल्लाह की तलवारें हैं, शराफ़त और इज़्ज़त हमारे साथ है। हम उन सबसे आला मकाम पर रहेंगे, तब भी की जब सारे मुल्क व कबीले उनके खिलाफ़ आवाज़ उठाएँ। क्या तुम्हें मालूम है की हमें इस तरह से छोड़ना ना सिर्फ़ गलती है बल्कि एक बड़ा गुनाह है जो तमाम इंसानियत के लिए अंधकार ले आएगा।


आने वाले वक़्त में ये लोग हक़ राह ज़रूर देखेंगे और इसमें कोई शक नहीं की दुनिया की हर सहूलत एक दिन ख़त्म हो जाएगी। इसलिए मुहम्मद सल्लललाहु अलैहे व आलिही व सल्लम के मुताल्लिक़ लाइल्मी से काम ना लेना या उन लोगों की बात मत सुनना यानी उनकी बातों में ना आना जो खुद हक़ से भटक गए हैं।, (ऐ दुश्मनाने रसूल), क्या तुम पैग़म्बर को क़त्ल करना चाहते हो?, तुम्हारी ख़्वाहिश उस ख़्वाब की तरह है, जो गफ़लत,

लाइल्मी की नींद में सोकर तुमने देखा।

अल्लाह की कसम! तुम ऐसा कभी नहीं कर सकोगे और ऐसा करने की कोशिश में तुम्हारी गर्दनें उड़ाकर सर से अलग कर दी जाएँगी। वो लोग, जो इस जंग में बच जाएँगे, किसी काम के नहीं रहेंगे की वो देखेंगे की उनकी और उनके अपनों की लाशें किस तरह मैदान ए जंग में जानवरों के मरे जिस्मों के साथ पड़ी हैं।

तुम हमारे क़ुर्बतदार होने का दावा भी करते हो और साथ ही साथ, अपनी ही तलवारों से तुम रिश्तों की डोर को ख़ुद काट रहे हो। मौजूदा दौर में पूरे वक़्त तुम, मैदान को घोड़ों से भरने की कोशिश कर रहे हो और बहादुर लड़ाकों को हमारे ख़िलाफ़ लड़ने तैयार कर रहे हो लेकिन याद रखना इस तरह तुम बनी हाशिम के बहादुर नौजवानों और सिपाहियों को भी तुम्हारे ही ख़िलाफ़ लड़ने के लिए उकसा रहे हो। याद रखना बनी हाशिम के बहादुर बहुत आला और अज़्मत वाले हैं वो अपने दुश्मनों के सामने घुटने नहीं टेकेंगे।

और जहाँ तक हम, मुहम्मद मुस्तफ़ा की शख़्सियत की बात करें, वो सच्चे हैं, भरोसेमंद हैं और लोगों में नेक सिफ़त से मशहूर हैं और अल्लाह ने उन्हें अपना, आख़िरी पैग़म्बर बनाकर और भी बुलंद मर्तबा अता किया है। लोग उसकी शुजाअत और अज़्मत के बारे में बख़ूबी जानते हैं और साथ ही साथ उसके इल्म और अक़्लमंदी के मुताल्लिक़ भी जानते हैं। लाइल्म और इल्मदार, दोनों एक तरह से नहीं भटक सकते। (यानी ऐसा मुमकिन नहीं की लाइल्म और इल्मदार दोनों भटक जाएँ, लाइल्म भटकता है जबकि इल्मदार हक़ की तलाश करता है।)

वो अल्लाह का पैग़म्बर है, जिसपर वही नाज़िल होती हैं। जो भी उसका ये दावा झुठलाएँगे वो अनक़रीब ख़ुद पर शर्मिंदा होते नज़र आएँगे। बनी हाशिम के शरीफ़ नौजवान उसे हिफ़ाज़त में घेरकर रखेंगे और ये नौजवान हर उस शख़्स को मिटाकर रख देंगे जो मुहम्मद को दबाने या नुकसान पहुँचाने की कोशिश करेगा। ये हर क़ीमत पर, मुहम्मद सल्लललाहु अलैहे व आलिही व सल्लम की हिफ़ाज़त करेंगे।

# 45
# शहर ए ताइफ़ की हिफ़ाज़त

نحن بنينا طاءفا حصينا

Nah'nu bani'naa taayi'fan hasi'naa

हम ही वो हैं की जिन्होंने शहर ए ताइफ़ और इसके आसपास के इलाक़ों को महफ़ूज़ बनाया।

# 46

# बनी हाशिम की तारीफ में

हज़रत अबुतालिब अलैहिस्सलाम के ददिहाल और ननिहाल के तमाम रिश्ते और रिश्तेदार, क़ाबिल ए एहतराम और इज़्ज़तदार थे। पिछली उम्मतों ने हक़ दीन में बिगाड़ कर लिया था और सबने अपना-अपना तख़्लीक़ी दीन बना लिया था। उन सारे तख़्लीक़ी मज़हबों को रद्द करते हुए मुहम्मद सल्लललाहु अलैहे व आलिही व सल्लम ने हक़ीक़ी दीन ए इस्लाम पेश किया। ऐलान ए नबूवत ए मुहम्मद रसूलुल्लाह से भी कई सालों पहले से, हज़रत इमरान यानी अबु तालिब के ददिहाल और ननिहाल वाले हक़ीक़ी दीन को ही थामे हुए थे जो पिछली उम्मत पर थामना फ़र्ज़ था। कबीलों में इनकी इज़्ज़त की जाती थी और जब सारे कबीले जुड़ते थे, मुलाक़ात करते थे तो इनकी तारीफ़ में मनक़बत भी पढ़ी जाती थीं। हज़रत अबु तालिब ने अपने मामू और चचा की तारीफ़ में ये अश्शार पढ़े -

وخالى هشام بن المغيرة ثاقب

اذا هم يوما كالحسام المهند

وخالى الوليد العدل عال مكانه

وخال ابى سفيان عمرو بن مرئد

Wa khaa‘li hi'shaamub nu al mu'ghi ra'ta saaqi‘bi

    Izaa ham'ma yau‘man kal hu'saami al mu'han na'di

Wa khaa‘li al wali'du al ad'lu aa‘lin ma'kaa nu'hu

    Wa khaa'lu abi suf‘yaana am'ru bi'nu mar'adi

मेरे मामू हिशाम कहलाते थे और वो एक चमकते हुए सितारे की तरह थे।जब भी वो कोई काम करते तो इतने बेहतरीन तरीके से और इतनी सटीकता से करते जैसे किसी धारदार तलवार से काटा गया हो।

• 147 •

मेरे दूसरे चचा अल्-वलीद अल्-आदिल कहलाते थे, वो भी बड़े आला और शुजाअत के धनी थे।

वो अबु सूफियान के चचा उमरू जो मुरीद का बेटा था उसकी तरह नहीं थे और वो तो बड़ा ही कमज़र्फ़ इंसान था।

# 47

# अपने चचा की वफ़ात पर

ارقت ودمع العين فى العين غائر
وجاذت بما فيها الشئون الاعاور
كان فراشى فوقه نار موقد
من الليل اوفوق الفراش السواجر
على خير جاف من قريش وناعل
اذا الخير يرجى او اذا الشر حاضر
الا ان زاد الركب غير مدا فع
بسر وشحوم غيبته المقابر


بسر وسحيم عارف ومنا كرا
وفارس غارات خطيب وياسر
تنادوا بان لا سيد الحى فيهم
وقد فجع الحيان : كعب وعامر
وكان اذا ياتى من الشام قافلًا
تقدمه تسعى الينا البشائر
فيصبح اهل الله بيضا كانما
كستهم حبيرا ريدة ومعا فرُ


توى دارة لا يبرح ادهر عندها
مجعجعة كرم سمان وباقر
اذا اكلت يوما اتى الغد مثلها
زوا مق زهم اومخاض بهازر
ضروب لايكن لحم غريض فانه

"

اذا عدموا زاد افانك عاقر
فان لا يكن لحم غريض فانه
تكب على أفواههـن الـغرا ير


فيالك من ناع حييت بالة
شراعية تصفر منها الاظافر


Ariq'tu wa dam'ou al ay'ni fi al ay'ni ghaayi'ru
    Wa'jaazat bi'maa fi'haa ash'shu ou'nu al aa aavi'ru
    Ka an'na fi raa'shi fau'qahu naa'ru mau'qi din
    Mina al lay'lu au fau'qa al firaa'shi as sa'waa ju'ru


Alaa khai'ri jaa'fim min qurai'shin wa naayi'lin
    Izaa al khai'ru yur'jaa au izaa ash shar'ru haazi'ru
    Alaa in'na zaa'da ar rak'bi ghai'ra mu'daa fa'yin
    Bi'sar wi'su hu'min ghai'yab ta'hu al ma'qaa bi'ru


Bi'sar wi'su hi'min aari'fau wa mu'naa ki'ran
    Wa'faa ri'su ghaa'raatin kha'ti bau wa yaasi'ru
    Ta'naa dau bi an laa say'yida al hay'yi fi'him
    Wa'qad fuji'aa al hay'yaani ka'bu wa aami'ru


Wa kaa'na izaa ya'ti mi'na ash'shaami qaafi'lan
    Ta'qad dama'hu tas'aa ilai'naa al ba'sha yi'ru
    Fa'yus bi'hu ah'lu al'laahi bai'zaa aa ka an'namaa
    Ka'sat hum kha'biran rai'datun wa'ma aafi'ru


Tau'aa daa'ratan laa yab'rahu ad'dahra in'da haa
    Mu'ja ji'atan kar'mun si'maa nun wa baaqi'ru
    Izaa aka'lat yau'man ata al gha'da mis la'haa
    Za'waa mi'qu zuh'man au ma'khaa zan ba'haa zi'ru

Zaru'ban laa ya'kun lah'ma gha'rizu fa in'nahu
    Izaa adi'mu zaa'dan fa in'naka aa'qiru
    Fa'in laa ya'kun lah'ma gha'rizu fa in'nahu
    Tu kib'bu alaa af'waahi hin'na al gha'raa yi'ru

Fa'yaa la'ka min naa'yin hu'yita bi al'latin
    Shi'raayi ya'tin tas far'ru min'haa al azaa fi'ru

आपसे बिछड़ने के ग़म में मैं अंदर से जल रहा हूँ और आपसे बिछड़ने का ग़म मुझे रात भर जगाकर रखता है और आँखों से आँसू बहते रहते हैं। ये, क़ुरैश खानदान के एक अच्छे इंसान थे और लोग इनकी तरफ लड़ाईयों के मुक़ाबले रहम की उम्मीद से देखा करते थे।

ये वादियों में ज़द उर रुक़ाब की तरह, दूसरा और कोई नहीं था लेकिन अफसोस की अब ये भी क़ब्र की गहराईयों में सो गए। सिर्फ़ सहीम और आसपास की वादियों में इनकी तरह कोई बहादुर, बेहतर ख़तीब और अक़्लमंद नहीं था। लोग ग़म कर रहे हैं की हमारा सरदार चला गया और का'ब और आमिर कबीले में ग़म छाया है।

शाम ये इनकी वापसी, सबके लिए ही खुशियों का बाइस होती थी और ये सभी के लिए यमन से कपड़ो को तोहफे के तौर पर लेकर आया करते थे। और वादियाँ, रीदा और मोअ'फिर के सफेद कपड़ों से चमक जाया करती थीं। ये तमाम शहर को बड़ी तादाद में ऊँट व बकर की क़ुर्बानी करके दावत खिलाया करते थे और अपने इस अमल को दोहराया करते थे। जब मुसाफिरों के पास पैसे ख़त्म हो जाते तो ये अपने पास से गोश्त-रोटी वगैरह खिला दिया करते थे।

ये बड़े दुख की बात है की इनके विसाल की खबर हम तक पहुँची। क्या ही अच्छा होता अगर हम तक ऐसी खबर ना आती। (यानी काश आप और ज़्यादा जी पाते)

# 48

# अपने चचा, हिशाम की वफ़ात पर

فقد نا عميد الحى فالر كن خاشع

لفقد ابى عثمان والبيت و الحجر

وكان هشام بن المغيرة عصمة

اذا عرك الناس المخاوف والفقر

بابيا ته كانت ارامل قومه

تلوذ وايتام العشيرة والسفر

فودت قريش لوفد ته بشطر ها

وقل لعمرى لو فدو ه له الشطر

نقول لعمرو : انت منه واننا

لنر جوك فى جل المهمات يا عمرو

Fa'qad naa ami'da al hay'yi far ruk'nu khaa'shi un

Li faq'di abi us'maana wa al bai'tu wa al haja'ru

Wa kaa'na hi'shaamub nu al mu'ghi rati is'matun

Izaa ari'ka an'naasu al mu'khaa wi'fu wal fakh'ru


Bi ab'yaa ti'hi kaa'nat araa'mila qau'mihi

Talu'zu wa ay'taamu al ashi'rati wa as safa'ru

Fa wad'dat qurai'shun lau fa'dat hu bi'shat ri'haa

Wa qal'la la am'ri lau fa'dau hu la'hu ash'shat ru

Naqu'lu li am'rin an'ta min'hu wa in'na naa
  La'nar ju'ka fi jul'li al mu'him maa'ti yaa am'ru

हम अपने मुल्क़ के एक सरदार की वफ़ात पर दुखी हैं। अबु उस्मान एक ऐसे शख़्स थे की उनके जाने पर ख़ुद काबा, हज़्र ए अस्वद, रुक्न और मक़ाम भी ग़मगीन हैं।

वो एक ऐसे आला'तरीन शख़्स थे कि जब कभी लोग मुश्किल दौर और बुरे वक़्त में घिर जाते, वो खाने ना मिलने की वजह से भूखे और गरीबों की मदद किया करते थे। बेवा, यतीम, और राह से भटके लोग व मुसाफिर, इनके घर पनाह लेते थे और ये लोगों के लिए आराम पाने का ज़रिया बनते थे।

अगर कुरैश के लोगों ने इन्हें अपनी आधी जिंदगियाँ पेश कर दी होतीं तो भी ये उसके मुक़ाबले कुछ बड़ा नहीं होता की ये तो लोगों के लिए उम्मीद का ज़रिया बन गए थे। हम इनके बेटे उमू से गुज़ारिश करते हैं और कहते हैं, "ऐ उमू! तुम हिशाम के बेटे हो और हम हर मामले में तुमसे बेहतरी की उम्मीद करते हैं।"

# 49

# ज़द अल राकिब की वफ़ात

हज़रत अबु तालिब के रिश्ते के चचा, अबु उस्मान मख़्ज़ूमी जिन्हें मुसाफ़िरों की मदद और दूसरों की नुसरत करने की वजह से ज़द अर्-राकिब कहा जाता था। अबु तालिब आपके लिए ये अश्शार फरमाते हैं -

الا ان خیرا الناس حیا و میتا

بوادی اشی غیبته المقا بر

تبکی ابا ها ام وهب و قد ناى

وریشان اضحی دونه ویجا بر

تولوا ولا ابو امیة فیهمو

لقد بلغت کظ النفوس الحنافر

تری داره لایبرح الدهر وسطها

مجعجعة ادم سمان وبا قر

ضروب بنضل السیف سوق سمانها

اذا ار ملوا زاد فانک عاقر

فان لم یکن لحم غریض فانه

تمری لهم اخلا فهن الدرا ءر

فیصبح ال الله بیضا کانما

کستهم خبیرا ریدة و معا فر

Alaa in‘na khai’raa an‘naasi hay’yau wa mai’yitan
  Bi’waadi yi’shi in ghai‘ya bat’hu al ma‘qaa bi’ru
Tab‘ki abaa’haa um‘ma wah’biyo wa qad naa’yaa
  Wa’rai shaa‘na az’haa duna’hu wa’yu jaabi’ru

Tawal'lau wa'laa Abu Umai'yata fi hu'mu
    La'qad bala'ghat kaz'za an nufu'si al ha'naa fi'ru
    Ta'raa daara'hu laa yab'rahu ad'dahra was ta'haa
    Mu'ja ji'atan ad'mun si'maa nau wa baaqi'ru


Zaru'bun bi nas'li as'saifi su'qa sa'maa ni'haa
    Izaa ar'malu zaa'dan fa in'naka aa'qiru
    Fa il'lam ya'kun lah'mun gha'rizun fa in'nahu
    Tu mar'ra la'hum akh'laafu hun'na ad'daraa yi'ru
    Fa'yus bi'hu aa'lu al'laahi bai'zan ka an'namaa
    Ka'sat hum kha'biran rai'datau wa mu'aafiru


आइशी (यमन) की वादी में इन्हें रू ए ज़मीन पर मौजूद और मरहूमों में सबसे बेहतरीन इंसान के तौर पर जाना जाता है और आज मौत ने इन्हें हमसे दूर कर दिया। उनकी बेटी, उम्मे वहाब, उनके ग़म में रो रही है लेकिन वो बहुत दूर जा चुके हैं और यमन के पहाड़ उनके बग़ैर अब अकेले हैं। लोग अबु उमैया के बग़ैर ही वापिस लौट आए और ग़म, ग़मगीनों के दिलों को छू गया।


उनका घर हमेशा ही ऊँटों और बक़र की आवाज़ों से भरा रहता था जिसे वो लोगों और मेहमानों को खाने के इंतज़ाम के तौर पर पाला करते थे लेकिन अब वहाँ बस ख़ामोशी है। जब मुसाफिरों को ज़रूरत पड़ जाती थी तो इन ऊँटों का गोश्त, बतौर ग़िज़ा, उन्हें पेश कर दिया जाता था और अगर ऊँट ना होता तो ऊँटनी का दूध पेश कर दिया जाता था।


मक्का के लोगों को इज़्ज़तें दी जातीं थीं क्योंकि उनका जुड़ाव और रिश्ता अबु उमैया मख़्ज़ूमी से था। जब कभी भी वो यमन से वापिस लौटते तो सारे शहर के लिए रीदा और मोअफिर से चमकदार कपड़े लेकर आते। शहर के सभी लोग, उनके दिए बेहतरीन कपड़े पहना करते थे।

# 50

# हज़रत हमज़ा का इस्लाम

हज़रत हमज़ा, अब्दुल मुत्तालिब के बेटे हैं और आपको अबु याला भी कहा जाता था। जब रसूलुल्लाह मुहम्मद सल्लललाहु अलैहे व आलिही व सल्लम के प्यारे चचा, हज़रत हमज़ा ने इस्लाम व ईमान क़ुबूल किया, तब हज़रत अबु तालिब ने उनकी तारीफ़ बयान करते हुए ये अश्शार कहे -

صبرا ابا يعلى على دين احمد

وكن مظهر اللذين وفقت صابرا

وحط من اتى بالحق من عند ربه

بصدق وعزم لا تكن حمزة كافرا

فقد سرنى اذقلت انك مؤمن

فكن لرسول الله فى الله ناصرا

وناد قريشا بالذى قد اتيته

جهارا وقل: ماكان احمد ساحرًا

Sab'ran abaa ya'li alaa di'ni ah'madi

Wa kun muz'hiran lil lazi'ni wuf fiq'ta saabi'ran

Wa hut'man ataa bil haq'qi min in'di rab'bihi

Bi sid'qiyo wa az'min laa ta'kun ham'zata kaafi'ran


Fa'qad sar'rani iz khul'ta an'naka mau'minun

Fa'kul li rasooli al'laahi fi al'laahi naa'siran

Wa naa'di qu'raishan bil'lazi qad atai'tahu

Ja'haaran wa'qul maa kaa'na ah'madu saa'hiran

ऐ अबु याला! सब्र रखो और अहमद के बताए अक़ीदे पर मजबूती से जमे रहो। तुमने जो ईमान कुबूल किया है, उसके बारे में सबको बताओ और अल्लाह तुम्हारी मदद व नुसरत करेगा। पूरी सच्चाई और फ़ख्र के साथ, मुहम्मद की मदद करो, मुहम्मद ही अल्लाह से ये हक़ीक़ी दीन व ईमान लेकर आया है और लाइल्मी व कुफ्र की तरफ हरगिज़ ना पलटना।

ऐ हमज़ा! जब तुमने ये ऐलान किया की तुमने इस्लाम कुबूल कर लिया है तो मैं बहुत खुश हुआ।

ऐ मेरे भाई! अब हमेशा मुहम्मद सल्लललाहु अलैहे व आलिही व सल्लम की मदद करना। तुमने जो दीन व ईमान कुबूल किया है उसके बारे में कुरैश के सभी लोगों को फ़ख्र, बुलंदी और बहादुरी के साथ बताओ।

उन्हें बताओ की मुहम्मद, कोई जादूगर नहीं है। वो तो अल्लाह का रसूल है जो सारी दुनिया के लिए, हक़ीक़ी दीन ओ ईमान लेकर आया है।

# 51
# मौला अली की पैदाईश

जब हज़रत अबु तालिब के बेटे अली अलैहिस्सलाम की पैदाईश खाना ए काबा के अंदर हुई तब हज़रत अबु तालिब ने अपने भतीजे मुहम्मद रसूलुल्लाह सल्लललाहु अलैहे व आलिही व सल्लम के साथ बाहर इंतज़ार किया। जब मौला अली अलैहिस्सलाम की वालिदा, बीबी सलमा बिन्त ए असद अपने बेटे को लेकर बाहर आईं तो उन्होंने मुहम्मद सल्लललाहु अलैहे व आलिही व सल्लम और हज़रत अबु तालिब से कहा की इसने अपनी आँखें नहीं खोलीं और ना ही दूध पिया है। रसूलुल्लाह सल्लललाहु अलैहे व आलिही व सल्लम ने अपने भाई, मौला अली अलैहिस्सलाम को गोदी में लिया तो आप अली अलैहिस्सलाम ने अपनी आँखें खोल लीं और सबसे पहले आपने, रसूलुल्लाह के मुबारक चेहरे को देखा और मुस्कुराने लगे। फिर रसूल ए खुदा ने अपनी मुबारक ज़ुबान, आप अली अलैहिस्सलाम के मुँह में दी तो अली अलैहिस्सलाम ने हुज़ूर ए पाक मुहम्मद मुस्तफ़ा का लुआब ए दहन चूसा और ये ही आपकी पहली ग़िज़ा रही। फिर हज़रत अबु तालिब ने ये शेर पढ़ा -

سميته بعلى کى يدوم له

من العلو وفخر العز ادومه

Sam'mai tu'hu bi ali'yin ki yadu'mu la'hu

Mi'na al olu'wi wa fakh'ri al iz'zi ad wama'hu

मैं इसका नाम अली रख रहा हूँ ताकि ये हमेशा आला रहे। इसकी शराफ़त और इज़्ज़त इसके लिए हमेशा इम्तियाज़ रहेगी।

# 52

# बादशाह नजशी को पैग़ाम

जब मुसलमानों की एक टुकड़ी को जबरन मुल्क से हिजरत करने पर मजबूर कर दिया गया और वो सब अबीसीनिया पहुँच गए तब हज़रत अबु तालिब ने अबीसिनीया के राजा नजशी को ख़त में पैग़ाम लिखकर भेजा -

الاليت شعرى كيف فى الناءى جعفر

و عمرو و اعداء النبى الا قارب

فهل نال افعال النجا شى جعفرا

واصحا به او عاق ذلك شاغب

تعلم ابيت اللعن انك ما جد

كريم فلا يشقى لديك المجانب

تعلم بأن الله زادك بسطة

وافعال خير كلها بك لازب

وانت فيض ذوسحال عزيزة

ينال الاعدى نفعها والاقارب

Alaa lai'ta shi'ri kai'fa fi an'naa aa'yi jafa'ru

    Wa am'ra un wa ada'ou an nabiy'yi al aqaa'rabu

    Fa'hal naa'la af'aalu an najaa'shi jafa'ran

    Wa as'haa ba'hu au aa'qa zaali'ka shaa ghi'bu


Ta al'lam abai'ta al la'na an'naka maaji'dun

    Kari'mun fa'laa yash'qa la dai'ka al mujaa'nibu

Ta al'lam bi an'na al'laaha zaada'ka bas'ta tan
Wa af'aalu khai'rin kul'lu haa bi'ka laazi'bu


Wa an'naka fai'zun zu si'haalin azi za'tan
Ya'naalu al'aa adi naf'aa haa wa al aqaa'ribu


मैं ये जानना चाहता हूँ की मेरा बेटा जाफ़र और उसका दुश्मन अम्र बिन आस वहाँ, किस तरह रह रहे हैं?


ये बड़ी अजीब बात है की रसूलुल्लाह के दुश्मन, खुद उनके ही कुरैश कबीले से हैं। मुझे नहीं मालूम की बादशाह नजशी मेरे बेटे और उसके साथियों के साथ क्या रवैया कर रहे होंगे और मुझे उम्मीद है की वो शैतान अम्र बिन आस की बातों और बहकावे में नहीं आए होंगे।


ऐ नजशी! मैं दुआ करता हूँ की अल्लाह तुम्हें शैतानों से और बुराई से दूर रखे। याद रखना की तुम एक मुअज़्ज़म शख़्स हो। मुझे उन मुल्क से निकले लोगों की फिक्र है जो परेशानियों और मुश्किल दौर की वजह से तुम्हारे पास आए हैं और तुमसे, बचाव और हिफ़ाज़त करने की उम्मीद रखते हैं।


याद रखना की अल्लाह ने तुम्हें कुव्वत दी और हाकिम बनाया और लोगों के ऊपर तुम्हें सरदारी दी। इसलिए तुम्हें दूसरों पर रहम करते हुए, अच्छे आमाल करते हुए और जुबान पर क़ायम रहते हुए हुकूमत करना चाहिए। आप रहमदिल हैं और रहमदिली से दोस्तों और दुश्मनों, दोनों का ही फायदा होता है।

# 53

# नजशी को एक और पैग़ाम

हज़रत अबु तालिब अलैहिस्सलाम ने बादशाह नजशी को एक और ख़त लिखा, जिसमें आपने अपने भतीजे, मुहम्मद रसूलुल्लाह सल्लललाहु अलैहे व आलिही व सल्लम का जिक्र किया -

اتعلم ملك الحبش ان محمدا

نبى كموسى و المسيح ابن مريم

اتى بهدى مثل الذى اتيا به

و كل بامر الله يهدئ و يعصم

و انكمو تتلونه فى كتا بكم

بصدق حديث لا بصدق الترجم

فلا تجعلو لله ندا و اسلموا

و انّ طريق ليس بمظلم

Ata'lamu mali'ku al haba'shi an'na muham'madan
    Nabi'yun ka mu'saa wa al masi'haa ab'na mar'yami
    Aa'taa bi hu'daa masa'lu al lazi aati'yaa bi'hi
    Wa kul'lun bi am'ri al'laahi yah'di wa yasi'mi

Wa in'na ku'mu tat'lu na'hu fi kitaa'bikum
    Bi sid'qi hadi'sin laa bi sid'qi at'taraj ja'mi
    Fa'laa taj'alu lil laahi nu'daa wa as'lamu
    Wa in'na tariq'qi lai'sa bi maz'lami

ऐ नजशी! तुम हब्श (अबीसीनिया) के बादशाह हो और तुम्हें ये मालूम होना चाहिए की पैग़म्बर मूसा और बीबी मरियम के बेटे पैग़म्बर ईसा जिस तरह अल्लाह के रसूल थे, वैसे ही मुहम्मद भी अल्लाह का रसूल है। वो तमाम इंसानियत के लिए हिदायत से भरे पैग़ाम लेकर आया है, ठीक वैसे ही जैसे इनके पहले आए पैग़म्बर लेकर आते थे।

पिछले पैग़म्बरों ने अल्लाह रब उल इज़्ज़त के हुक्म से, लोगों को हिदायत दी और तमाम इंसानियत को कामयाबी की राह दिखाई और वो भी (मुहम्मद सल्लललाहु अलैहे व आलिही व सल्लम) ये ही कर रहा है।

तुम और तुम्हारे लोगों ने अपनी किताबों में आख़री रसूल के आने और हक़ का पैग़ाम लाने की पेशनगोई पढ़ी होगी।

लिहाज़ा खबरदार रहो और किसी को अल्लाह का शरीक ना बनाओ। इस्लाम को कुबूल करो की ये सच्चाई से भरी रौशन राह है और इसमें शक के अंधकार की कोई परछाई भी नहीं।

# 54

# हब्श की तरफ़ हिजरत

रसूल ए खुदा की तरफ से हुक्म मिलने पर, हज़रत अबु तालिब के बेटे, हज़रत जाफ़र, मुसलमानों की एक जमाअत के साथ, हब्श यानी अबीसीनीया की तरफ हिजरत कर गए। अम्र बिन आस ने नफरत व दुश्मनी की बिना पर उनका पीछा किया। हज़रत अबु तालिब अलैहिस्सलाम, अपने बेटे की हिफ़ाज़त व मदद करने के लिए हब्श की तरफ रवाना हुए -

تقول ابنتى : اين الرحيل

وما البين منى بمستنكر

فقلتُ : دعينى فانى امرء

اريد النجاشى فى جعفر

لأكويه عنده كيه

اقيم بها نخوة الاصعر

وان انثنا ئى عن هاشم

بما استطعت فى الغيب والمحضر

وعن عءب اللات فى قوله

ولو لا رضا اللات لم نمطر

وانى لأشناء فريشا له

وان كان كا لذ هب الاحمر

Ta'qulu ib'nati ay'na ar rahi'lu

    Wa'maa al bai'nu min'ni bi'mus tan'kiri

    Fa qul'tu dayi'ni fa in'ni am'ra un

    Uri'du an'na jaa'shi yaa fi jafa'rijafa'ri

Li uk'wi hi in'dahu kai'yahu
  Uqi'mu bi'haa nakh'wata al as'ari
  Wa in'na in'si naa'yi an haa'shi min
  Bi'maa as'tatu fi al ghai'bi wa al mah'zari


Wa'an aa'yibi al laa'ti fi qau'li hi
  Wa lau'laa ri'zaa al laa'ti lam num'tari
  Wa in'ni la ash'naou qu'raishaa la'hu
  Wa in kaa'na kaa'laz za'habi al ah'mari


मेरी बेटी पूछती है की मैं कहाँ जा रहा हूँ हालाँकि मेरा सफर पर निकलना आम बात है। मैं अक्सर और बार-बार, अपनी बेटी से दूर, सफर में रहता हूँ। हालाँकि इस बार मैं अचानक सफर पर निकला हूँ इसलिए मेरी बेटी ज़्यादा हैरान ओ परेशान है। मैंने अपनी बेटी से कहा की मुझे हब्श जाने दो की मैं वहाँ जाफ़र की हिफ़ाज़त और साथ देने के लिए जा रहा हूँ।


मैं अम्र बिन आस की घटिया सियासत को बेनक़ाब कर दूँगा और उसके तकब्बुर और अना को चकनाचूर कर दूँगा। मैं उसे बताऊँगा की मैं, मक्का के क़बीला ए बनी हाशिम के एक अज़ीम घराने से हूँ और मैं उसके लोगों के उन झूठों को बेनक़ाब कर दूँगा जो उन्होंने, हमारे खिलाफ़ बोले हैं। वो अपने झूठे खुदा, ला'त व मन्ना'त के बारे में बातें करता है और कहता है की अगर ला'त हमसे खुश ना हो तो बरसात नहीं हो सकती। मैं उसे हक़ीक़त जाकर बताऊँगा।


मैं क़ुरैश के ऐसे लोगों की बातें सख़्त नापसंद करता हूँ चाहे उनके अल्फ़ाज़ लाल सोने या बेशक़ीमती पत्थरों की तरह ही क्यों ना हों।

# 55

# शाम (सीरिया) का सफ़र

हज़रत अबु तालिब, अक्सर ही अपने भतीजे मुहम्मद सल्लललाहु अलैहे व आलिही व सल्लम को तिजारत के सफर में साथ ले जाया करते थे। रसूल ए खुदा की उम्र मुबारक जब 12 बरस थी तब आप अबु तालिब अलैहिस्सलाम उन्हें शाम के सफ़र पर ले गए और आपने अपने भतीजे की शान में ये अश्शार पढ़े व लिखे -

ان الامين محمد افى قومه

عندى يفوق منازل الاو لاد

لما تعلق بالزمام ضممته

والعيس قد قلصن بالا زواد

فار فض من عينى دمع ذارف

مثل الجمان مفرق ببداد

راعيث فيه قرابة موصولة

وحفظت فيه وصية الاجداد


ودعوته للسير بين عمومة

بيض الوجوه مصالت امجاد

ساروا لاء بعد طيبة معلومة

فلقد تباعد طيه المرتاد

حتى اذا ما القوم بصرى عاينوا

لا قوا على شرف من المرصاد

خبرا فاخبر هم حديثا صادقا

عنه وردأ معاشر الحساد

قوم يهود قد رأوا ما قد رأوا
ظل الغمامة تاغرى الاكباد
ثارو القتل محمد فنها همو
عنه وجا هد احسن التجهاد
وثنى بحيرا ء ذريرا فنثنى
فى القوم بعد تجادل وتعادى
ونهى دريپسا فانتهى لما نهى
عن قول جير ناطق بسداد


In‘na al ami’na muham‘madan fi qau’mi hi
   In’di ya‘fuqu ma’naa zi‘la al au’laadi
   Lam‘maa ta al’laqa bi‘az zi’maami za‘mam ta’hu
   Wa‘al isu qad qal’lasna bal az‘waadi


Far faz’za min ay‘ni dam’un zaari‘fun
   Mis’lu al ji‘maani mu’far ri‘qun bi bi’daadin
   Raa’aytu fi‘hi qa’raa ba’tan mau’su la’tan
   Wa hafiz’tu fi‘hi wasi’yata al aj’daadi


Wa dawatu‘hu as say’ri bai‘na umu’matin
   Bi‘zi al uju’hi ma’saa li’tin am’jaadi
   Saa’ru li aba’di tay‘batim malu ma’tim
   Fa la’qad ta‘baa ada tay’yahu al mur’taadi


Hat’taa izaa maa al qau‘mu bus’ri aa‘yanu
   Laa qau alaa shara’fim mi‘na al mir’saadi
   Hab’ran fa akh‘bara hum hadi’san saadi’qan
   An‘hu wara’daa ma aashi’ru al hus’saadi


Qau‘mu yahu’da qad’ra au‘maa qad’ra au
   Zil‘lu al gha’maa ma’ti saa‘ghiri al ak’baadi

Saa'ru ali qat'li muham'madin fana'haa hu'mu
An'hu wa'jaa ha'da ah'sana at'tij haa'di


Wa sa'na bahi'raa an zari'ran fan sa'naa
Fi al qau'mi ba'da ta'jaa du'lin wa'ta aa'di
Wa na'ha da'ri pa'san fan ta'haa lam'maa nu'hi
An qau'li ji'rin naati'qin bi sadaa'di


इस बात में कोई शक नहीं की अपने खानदान व कबीले में मुहम्मद के जैसा सच्चा और भरोसेमंद, दूसरा कोई नहीं। अलबत्ता की मुझे ये, मेरे तमाम बच्चों (औलादों) से ज़्यादा महबूब है। जब हम मक्का से उत्तर की तरफ रवाना हो रहे थे तब वो मेरे पास आया और मेरे गले से लग गया, मैंने भी उसे अपने सीने से लगा लिया। मेरी आँखों से आँसू आ गए और मेरी ज़ीन पर फैल गए।


मैंने उसके लिए अपने कभी ना ख़त्म होने वाली मवद्दत का इज़हार किया, अपने बाबा अब्दुल मुत्तलिब की वसीयत को याद किया और पूछा, "क्या तुम, अपने चचा के साथ सफर पर चलना पसंद करोगे?", फिर हमने, इस लंबे सफर को शुरू किया जिसकी मंज़िल तो मालूम थी लेकिन फिर भी ये बहुत दूर लग रहा था।


जब हम शाम के नज़दीकी शहरों के क़रीब पहुँचे तो हमें टीले और छोटे पहाड़ नज़र आए। वहाँ हम बुहैरा नाम के एक आलिम से मिले, जिसने मुहम्मद मुस्तफ़ा की पैग़म्बरी के बारे में तस्दीक की।


इस बात और पेशनगोई को सुनकर बहुत लोग हसद से जल गए और बहुत लोगों ने इस सच्चाई का इंकार भी किया। जो वहाँ मौजूद थे उन्होंने देखा की किस तरह एक बादल, मुहम्मद मुस्तफ़ा पर साया करता है और उन्हें सूरज और धूप से बचाता है और पेड़ उसकी ताज़ीम में झुक जाते हैं। यहूदी ये सुनकर हसद से भर गए और मुहम्मद मुस्तफ़ा को जान से मारने की सोचने लगे।

बुहैरा ने उन लोगों को रोका और मुहम्मद मुस्तफ़ा सल्लललाहु अलैहे व आलिही व सल्लम की शान को इस तरह से बयान करना शुरू कर दिया की ना चाहते हुए भी दरीस, ज़रीर और उसके साथियों को इस घिनौने काम से रुकना पड़ा।

उसने मेरे भतीजे की शान बयान की और उनके पैग़म्बर होने के सबूत पेश किए की लोगों को मुहम्मद को क़त्ल करने जैसे बड़े गुनाह से चाहते या ना चाहते हुए भी रुकना पड़ा।

# 56

# शाम का सफ़र

सफर शुरू होने से पहले, मुहम्मद सल्लललाहु अलैहे व आलिही व सल्लम ने अपने चचा से कहा की मुझे भी अपने साथ सफर पर ले चलिए की मैं आपसे दूरी बर्दाश्त नहीं कर सकता। तब हज़रत अबु तालिब ने ये अश्शार लिखे -

بكى طربا راني محمد

كان لايراني رجـــعا لمعاد

فبت يجا فيني تهلل دمـعه

وعبرته عن مضجعى ووساد

فقلت له : قرب قتودك وارتحل

ولا تخش من جفوة ببلاد

وحل زمام العيس وارحل بنا معا

على عزمة من امرنا ورشاد

ورح رائحاً فى الرءحين منيعا

لذى رحم والقوم غير بعاد

فرحنا مع العيرا لتى راح ركبها

يرمون من غررين ارض اياد

Ba'kaa tara'ban ra aa'ni muham'madu
   Ka al'laa ya'raani raji al lima aa'di
   Fa bit'tu yu'jaa fi'ni ta'hal la'lu dam yi'hi
   Wa yib'ra tu'hu an muz'jayi wa'vi saa'di

Fa qul'tu la'hu qar'rib qu'tu da'ka wa ar ta'hil
  Wa'laa takh'shu min'ni jaf'watan bi bi'laadi
  Wa ha'lun zi'maama al yi'si wa ar'hal bi'naa ma an
  Alaa az'matim min am'rinaa wa'ra shaa'di


Wa'ruh raa'hi an fi ar'rahina mu'na yi'anyi'an
  Li'zi rahi'mi wa al qau'mu ghai'ru bi aa'di
  Fa'ruh naa ma aa al yi'ral la'ti raa'ha ra'ku bu'haa
  Ya'ru mau'na min gha'ra ri'na ar'za iyaa'di


जब मुहम्मद ने मुझे देखा तो उसकी आँखों से खुशी के आँसू बहना शुरू हो गए क्योंकि मुझसे जुदा होना उसके लिए बहुत दर्दनाक था और उसे डर था की कहीं ऐसा ना हो की हम कभी ना मिल सकें। जब मैंने उसकी आँखों में खुशी के आँसू देखे और मेरे साथ सफर पर चलने की बात के बारे में सुना तो मैं सारी रात सो नहीं सका।


मैंने उससे कहा की अपना ज़रूरी सामान बाँध लो ताकि हम सफर पर निकल सकें। तुम मेरे क़रीब रहोगे तो तुम्हें कोई नुकसान नहीं पहुँचा सकेगा जैसा की सब जानते हैं की तुम मेरे अपने हो। अपने ऊँट की लंबी लगाम छोड़ दो और मेरे साथ मेरे ऊँट पर आ जाओ की हम मजबूत इरादों के साथ अपना सफर शुरू कर सकें। सभी रिश्तेदारों से विदा लो और याद रखो की तुम्हारे हक़ीक़ी रिश्ते तुमसे दूर नहीं और मेरे साथ सफर के लिए आ जाओ। हम सभी मक्का की पहाड़ियों को छोड़ते हुए, उत्तर दिशा कि ओर, सफर की शुरूआत करेंगे।

# 57

# शाम का सफर

हज़रत अबु तालिब अलैहिस्सलाम ने शाम के सफ़र के दौरान कई मोजज़े देखे और उन्हें बयान करते हुए ये अश्शार लिखे -


الم ترنى من بعد هم هممته

بفرقة حر من ابين كرام ؟

باحمد لما ان شددت مطيتى

بر حلى و قد و دعته بسلام

فلما بكى و العيس قد قلصت بنا

و قد ناش بالكفين ثنى زمام

ذكرت اباه ثم رقرقت عبرة

تجود من العينين ذات سجام


فقلت : ترحل راشدا فى عمومه

موا سين فى البأساء غير لءءام

و جاء مع العير التى راح ركبها

شامى الهوى و الاصل غير شام

فلما هبطنا ارض بصرى تشو فوا

لنا فوق دور ينظرون عظام

فجاء بحيرا عند ذلك حاشدا

لنا بشراب طيب و طعام


فقال : اجمعوا اصحا بكم عند مارأى

فقلنا : جمعنا القوم غير غلام

يتيم فقال : اد عوه ان طعا منا

له دونكم من سوقة و امام

و الى يمينا برة : ان زا دنا

كثيرا عليه اليوم غير حرام

فلولا الذى خبر تمو عن محمد

لكنتم لدينا اليوم غير كرام


و اقبل ركب يطلبون الذى راى

بحيراء راى العين وسط خيام

فشار اليهم خشية لعرا مهم

و كا نوا ذوى بغى معا و عرام

دريس و همام ، و قد كان فيهمو

زرير و كل القوم غير نيام

فجاؤوا و قد هموا بقتل محمد

فرد همو عنه بحسن خصام


ءتا و يله التورة حتى تيقنوا

و قال لهم : رمتم اشد مرام

اتبغون قتلًا للنبى محمد ؟

خصصتم على شؤم بطول اثام

وان الذى يختاره منه مانع

سيكفيه منكم كيد كل طغام

فذ لك من اعلا مه و بيا نه

و ليس نهار وا ضع كظلام


Alam tara‘ni min ba’di ham’min ha‘mam tu’hu
    Bi fur‘qati hur’rin min abi‘na ki’raami?
    Bi ah‘mada lam’maa an sha’dad tu mat‘yati
    Bi rah’li wa‘qad wad datu’hu bi sa’laami


Fa lam’maa ba‘kaa wa al’yisu qad qalu’sat bi‘naa
    Wa’qad naa’sha bal kafai‘ni sin’ya zi‘maami

Zakar'tu abaa'hu sum'ma raq raq'tu ab'ratan
Ta'judu mi'na al aya nai'ni zaa'ta si'jaami


Fa qul'tu ta'rah hal raa'shidan fi umu mi'hi
Mu waa'sina fi al baa'saayi ghai'ri li'aami
Wa'jaa aa ma aa al yi'ri al'lati raa'ha ruk bu'haa
Shaa'ma al ha'waa wa al as'lu ghai'ru shi'mi


Fa lam'maa ha bat'naa ar'za bus'ri ta'shau wa'fu
La'naa fau'qa du'rin yan zuru'naa izaa'mi
Fa'jaa ba'hiran in'da zaali'ka haa'shidan
La'naa bi sha'raabin tai'yibyo wa ta'aami


Fa qaala : ij'mau as'haaba kum in'da maa'raa
Fa qul'naa jama'naa al qau'ma ghai'ra ghu'laami
Yati'min fa qaa'la ud'ouhu in'na ta aa'mana
La'hu du'nakum min suqa'tiyo wa imaa'mi


Wa aa'li yami'nan bar'ratan : in'na zaa'dana
Kasi'ran alai'hi al yau'ma ghai'ra ha'raami
Fa lau'laa al'lazi khab'bar tu'mu an muham'madin
La kun'tum la dai'naa al yau'ma ghai'ra ki'raami


Wa aq'bala rak'ban yat lubu'na al'lazi raa'ya
Ba'hi raa'ou raa'ya al ay'ni was'ta kha'yaami
Fa shaa'ra ilai'him khash ya'tan la uraa mi'him
Wa kaa'nu za'wi bagh'yin ma an wa uraa'mi


Dari'sun wa ham'maa mun, wa'qad kaa'na fi hu'mu
Zari'run wa kul'lu al qau'mi ghai'ru na'yaami
Fa jaa'ou wa'qad ham'mu bi qat'li muham'madin
Fa rad'da hu'mu an'hu bi hus'ni khi'saami

Yi'ta wi'lihi at tau'raata hat'taa ta yaq'qanu

Wa qaa'la : la'hum rum'tum ashad'da ma'raami

Atab ghu'na qat'lan lin nabiy'yi muham'madin ?

Khu'sistum alaa shu ou'min bi tu'li asaa'mi


Wa in'na al'lazi yakh'taa ru'hu min'hu maa'ni an

Sa'yak fi'hi min'kum kai'da kul'li ta'ghaami

Fa zaali'ka min alaami'hi wa bayaa'nihi

Wa lai'sa nahaa'rau waa'zi un kaza'lami


शाम के सफर पर निकलने से पहले हम, मुहम्मद मुस्तफ़ा को बनी हाशिम के जिम्मेदार लोगों के पास छोड़ रहे थे जिन्होंने मेरी ग़ैर'मौजूदगी में मुहम्मद रसूलुल्लाह की हिफ़ाज़त की जिम्मेदारी लेने का वादा किया था।


जब हमारा काफिला, रवाना होने वाला था तो मैंने अपने भतीजे मुहम्मद की आँखों में आँसू देखे जो उस वक़्त, ऊँटों की लगाम थामा खड़ा था। तब मुझे इसके बाबा की याद आ गई और मैंने अपने मुहम्मद से कहा की मेरे साथ चलो। मैं हर मुश्किल भरे दौर में भी इसकी हिफ़ाज़त करूँगा और इसकी हिफ़ाज़त करने के लिए ज़रूरत पड़ने पर, अपनी जान की क़ुर्बानी तक दे दूँगा लेकिन इसे महफूज़ रखूँगा।


हमने काफिले का साथ बनाया और अपने ऊँटों पर सवार होकर शाम का सफर शुरू किया हालाँकि उसे शाम के सफर से ज्यादा लगाव नहीं था। (यानी मुहम्मद रसूलुल्लाह तो मेरी मुहब्बत में मेरे साथ सफर पर गया था, ना की शाम के लिए।)


जब हम दमिश्क के दक्कन में बने बसरी नाम के इलाके में पहुँचे तो लोग अपनी छतों पर खड़े होकर हमें देखने लगे।बुहैरा नाम के एक आलिम ने हमारे लिए खाने-पीने का इंतज़ाम किया और मुझसे कहा की अपने बाकि साथियों को भी लेकर आओ। मैंने उससे कहा की हम सभी पहले ये यहाँ मौजूद हैं सिवाय मेरे भाई के एक यतीम बच्चे के। बुहैरा ने कहा की उस बच्चे को बुलाया जाए की हमने ये दावत, उसी के लिए रखी है और उसके तमाम साथियों के

खाने लायक भी इंतज़ाम किया है।


उसने कसम खाकर कहा की ये खाना पाक है, इसमें मिलावट भी नहीं (यानी ज़हर भी नहीं) और ये सबके लिए काफी है। उसने आगे कहा कि अगर हम उसे इस बच्चे के बारे में नहीं बताएँगे तो वो हमारी कोई ताज़ीम भी नहीं करेगा। बुहैरा ने फिर मासूम मुहम्मद सल्लललाहु अलैहे व आलिही व सल्लम को सर से पाँव तक देखा और करामात से भरी निशानियाँ देखीं और हम से मुहम्मद की हिफ़ाज़त करने के लिए कहा।


इस मौके पर वहाँ कुछ और लोग भी दाखिल हो गए जिन्होंने उसकी बताई आयात देखीं थीं (जो बुहैरा ने बताईं)। उनमें दरीस, हमाम और ज़रीर भी शामिल थे, वो मुहम्मद से हसद रखते थे और उसे क़त्ल करना चाहते थे। बुहैरा ने इनके गलत इरादों को भाप लिया और उनसे उसने अपने घर से जाने के लिए कहा। उसने बताया की मुहम्मद की नबूवत की पेशनगोईयाँ तमाम पाक किताबों में मौजूद हैं और उसने इस बात को भी दलील के साथ बयान करते हुए बताया की मुहम्मद ही अल्लाह का पैग़म्बर है।


तुम लोग (दरीस और दूसरे लोग) यहाँ पर पैग़म्बर ए इस्लाम (मुहम्मद रसूलुल्लाह) को नुकसान पहुँचाने के इरादे से आए थे जो अपने आप में एक बड़ा गुनाह है और इसकी सज़ा बहुत लंबी है। बहरहाल, वो अल्लाह ही अपने रसूल का मुहाफिज़ है जिसने अपने पैग़म्बर व रसूल को हम तक पहुँचाया। बुहैरा ने इन हक़ से भरे राज़ों को हमें खोल-खोलकर बताया, जिस तरह दिन का उजाला, बुराई के अँधेरे से छिप नहीं सकता।

# 58

# हज़रत अब्दुल मुत्तालिब के विसाल पर

अपने वालिद के विसाल से हज़रत अबु तालिब बहुत ही ग़मगीन हो गए तब आपने ये अश्शार लिखे -


ابکی العیون و ادری دمعها درارا

مصاب شیبة بیت الدین و الکرم

کان الشجاع الجواد الفرد سودده

له فضائل تعلو سادة الامم

مضی ابو الحرث الما مول نائلة

والمنتشی صولة فی الناس والنعم

هو الرئیس الذی لا خلق یقلمه

غداة یحمی عن الا بطال بالعلم


العا مر البیت بیت الله یملوه

نورا فیجلو کسوف القحط و الظلم

رب الفراش بصحن البیت تکرمةً

بذاک فضل اهل الفخر و القدم

بکت قریش ابا ها کلها و علی

اما مها وحما ها الثابت الدعم

صفی بکی و جودی بالد موع له

و اسعدی یا امیم الیوم بالسجم

يجبك نسوة رهط من بنى اسد

و الغر زهوة بعد العرب و العجم


Ab'ki al uwa'nu wa ad'ri dam'ahaa diraa'ran
  Mu'saabu shai'batu bai'ti ad'dini wa al kara'mi
  Kaa'na ash'shajaa aa al ja'waada al far'da su'da du'hu
  La'hu fazaa'yilu ta'lu saa'data al uma'mi


Ma'zaa abu al hari'si al ma'mulu naa'yi lu'hu
  Wa al mun'ta shaa sau'luhu fi an'naasi wa an ni'amini'ami
  Hu'wa ar'rayisu al'lazi laa khal'qa yaq'lu mu'hu
  Gha'daata yah'maa ani al ab'taali bal ala'mi


Al aami'ru al bai'ta bai'ta al'laahi yam'la ou'hu
  Nu'ran fa'yaj lu ku'sufa al qah'ti waz'zulami
  Rab'bu al fi'raashi bi sah'ni al bai'ti tak'ri ma'tan
  Bi zaa'ka fuz'zula ah'lu al fakh'ri wa al qi'dami


Ba'kat qurai'shan abaa'haa kul'lahaa wa alaa
  Amaa mi'haa wa hi'maahaa as'saabiti ad'di ami
  Safi'yun bak'ki yun wa jau'di baa lad'du mu'yi lahu
  Wa as'adi yaa ami'mu al yau'ma bis saja'mi


Yu jib'ki nis'watu rah'tin min ba'ni asa'din
  Wa al ghur'ri zah'wata ba'da al ara'bi wa al aja'mi


जब हमारी ईमानदारी और शराफ़त का ख़ज़ाना, हमारे बाबा हज़रत शय'बा इब्न ए हाशिम (शैयबत अल हम्द) अब्दुल मुत्तालिब का विसाल हुआ तो मेरी आँखों से झरने की तरह आँसू बहने लगे। वो बहादुर, सख़ी और दूसरों की मदद करने वाले थे। वो दुनिया के तमाम सरदारों के भी सरदार थे।

हज़रत अब्दुल मुत्तालिब इस फ़ानी दुनिया से कूच कर गए हालाँकि वो सभी के लिए मदद का ज़रिया और एक बड़े इनआम की तरह थे। उनकी शुजाअत के बारे में सभी जानते हैं। वो अपने मुल्क के सच्चे सरदार थे, जो अलम लेकर जब निकलते थे तो किसी भी बड़े से बड़े दुश्मन को भी हरा सकते थे।

वो काबा को बनाने वाले थे (कई बार काबा पर हमले हुए हैं और बनाया गया है, मरम्मत की गई है), उन्होंने इसे नूर से रौशन किया की इसके आसपास रहने वाले लोगों ने कभी खुदको गरीब नहीं समझा और ज़ालिमों की इतनी कुव्वत भी नहीं थी की इन लोगों को किसी भी तरह का नुकसान पहुँचा सकें।

उनकी इज़्ज़त बहुत ज़्यादा थी कि जब कभी भी वो खाना ए काबा के अंदर दाखिल होते तो लोग उनके लिए एक ख़ास तरह का बिछौना बिछा देते, जो ख़ास उन्हीं के लिए था और इन्हीं सब वजहों से आप दूसरों से ज्यादा इज़्ज़तदार बने। (लोगों के दिलों में आपकी ख़ास इज़्ज़त थी।)

जब आपका विसाल हुआ तो क़ुरैश के तमाम लोगों ऐसे रो पड़े, जैसे अपनों के जाने पर रो पड़ते हैं या उस तरह से रो पड़े की जब एक मुल्क अपने इज़्ज़तदार व अज़्मत वाले सरदार के गुजर जाने पर ग़मगीन होकर रो पड़ता है।

ऐ साफिया और उमैमा (मेरी बहनों)! रो लो, जी भर कर रो लो की जितना तुम रो सकती हो, अपने बाबा की वफ़ात पर रो लो की ये आँसू बहाना भी इज़्ज़त बढ़ाता है। (यानी लायक और अल्लाह वालों के लिए रोना भी बेहतर होता है।), बनी ज़हरा और बनी असद की औरतें भी आपके लिए रो रही हैं और अरब ओ अजम आपके लिए रो रहा है। (यानी अरब मुल्क और दूसरे मुल्क भी)

हमारे बाबा को दुनिया भर के तमाम लोगों ने बड़ी इज़्ज़त दी है की वो दूसरों की मदद भी करते थे और लोगों को ज़ालिमों के ज़ुल्म से भी बचाते थे।

# 59

# हज़रत अब्दुल्लाह के विसाल के मौके पर

हज़रत अबु तालिब अपने भाई, हज़रत अब्दुल्लाह बिन अब्दुल मुत्तालिब के विसाल से बेहद ग़मगीन हो गए और आपने ये अश्शार लिखे। हज़रत अब्दुल्लाह अलैहिस्सलाम ही मुहम्मद सल्लललाहु अलैहे व आलिही व सल्लम के वालिद ए मोहतरम भी हैं।

عين ايذ نى ببكاء اخر الابد

ولا تملى على قرم لنا سند

اشكو الذى بى من الوجد الشديدله

وما بقلبى من الا لام والكمد

اضحى ابوه لـه يبكى واخوته

بكل دمع على الخدين مطرد

لو عاش كان لفهر كلها علما

اذ كان منها مكان الروح للجسد

Ay'nu ayzi'ni ba'bu kaa'yi aakhi'ri al aba'di

Wa'laa tamal'li alaa qar'mi la'naa sana'di

Ash'ku al'lazi bi mi'na al wuj'di ash shadi'di la'hu

Wa'maa bi qal'bi mi'na al aa'lami wa al kama'di

Az'haa abu'haa la'hu yab'ki wa ikh'wa tu'hu

Bi kul'li dam'yin ala al khad dai'ni mut'ta ra'di

Lau aa'sha kaa'na li fah'rin kul'li haa ala'man
Iz kaa'na min'haa ma kaa'na ar'ruhi lal jasa'di

ऐ मेरी आँखें! अब मैं अपनी बची हुई तमाम ज़िंदगी में अपने भाई के लिए रोऊँगा जो इत्मीनान और भरोसे की मुहर था, जो बनी हाशिम का सैयद था। ऐ मेरी आँखें! तुम कभी उसके लिए रोने से मत थकना। उससे बिछड़ने का दुख ऐसा है जैसे ग़म का एक बड़ा पहाड़ मेरे दिल के ऊपर टूट पड़ा हो। मैं ऐसे ग़म मना रहा हूँ जैसे उसके चले जाने से मेरा दिल टूट गया हो।

जब हमारे बाबा हज़रत अब्दुल्लाह की कुर्बानी देने की ख़्वाहिश के बारे में कहे थे, तो मुझे याद है की मेरे सभी भाई मुहब्बत और लगाव की वजह से रोने लगे थे और सबकी आँखों से आँसू बह रहे थे। लेकिन अब वो हमेशा के लिए हमसे दूर चला गया है।

अगर वो आज जिंदा होता तो यक़ीनन वो ही पूरे कुरैश का सरदार होता। वो हम सबके जिस्म की रूह की तरह था लेकिन अब इस दुनिया से चला गया।

.....................

हज़रत अब्दुल मुत्तलिब ने ते अहद व इरादा किया था कि अगर अल्लाह ने मुझे दस बेटे अता किए तो उनमें से एक को मैं अल्लाह की राह में कुर्बान करूँगा। जब अल्लाह ने आपको बारह बेटों से नवाज़ दिया तब आपने अहद पूरा करने का सोचा। फिर बात ये हुई की इनमें से किस बेटे की कुर्बानी दी जाए तो आपने अपने बेटों के नाम लिखकर उठाया तो हज़रत अब्दुल्लाह का नाम सामने आया। हालाँकि आखिर में अल्लाह की मर्ज़ी से ये अहद सौ ऊँटों की कुर्बानी का बदल करते हुए पूरा हुआ और तमाम मक्का व आसपास के लोगों ने खुशियाँ मनाई और दावत में शामिल हुए।

इस फैसले से घरवाले भी बहुत खुश हुए क्योंकि हज़रत अब्दुल्लाह घर, खानदान में सबके चहेते व प्यारे थे और आपके मुल्क़ वाले भी आपसे बेहद मुहब्बत किया करते थे।

# 60

# हज़रत अब्दुल्लाह की कुर्बानी

हज़रत अब्दुल मुत्तलिब ने अहद किया था कि अगर अल्लाह ने उन्हें दस बेटों से नवाज़ा तो वो एक बेटे को अल्लाह की राह में कुर्बान करेंगे, जैसा की इब्राहीम अलैहिस्सलाम ने ख़्वाब में हुक्म मिलने के बाद इस्माईल अलैहिस्सलाम को कुर्बान करने का इरादा किया था। इसलिए हज़रत अब्दुल्लाह अलैहिस्सलाम को हज़रत इस्माईल अलैहिस्सलाम की तरह ज़बीहउल्लाह भी कहते थे।

जैसा की मैंने पिछले अश्शार (59) के बाद अलग से इस बारे में थोड़ी तफ़सीर से बताया है। आप चाहें तो दोबारा एक नज़र देख लें। बहरहाल, जब हज़रत अब्दुल्लाह की कुर्बानी का वक़्त आया तो हज़रत अबु तालिब ने इस पर अश्शार कहे और लिखे -

كلا ورب البيت ذى الأنصاب

ماذبح عبد الله با لتلعاب

يا شيب ان الريح ذو عقاب

ان لنا جرة فى الخطاب

اخوان صدق كليوث الغاب

Kal‘laa wa rab’bi al bai’ti zi al an’saabi

    Maa‘zib hu ab’da al’laahi bi at’til aa‘bi

    Yaa shai’bu an‘na ar ri’ha zu iqaa‘bi

    In’na la‘naa jar’ratan fi al khi’taabi

Ikh'waanu sid'qin kalu'yusi al ghaa'bi

मैं काबा के मुहाफ़िज़ और अनसब (मक्का के चारों तरफ फैली पहाडियाँ) की कसम खाकर कहता हूँ, अब्दुल्लाह को कुर्बान करना आसान अमल नहीं होगा। वो हम सबको बहुत प्यारा है और अल्लाह को भी बहुत प्यारा है। वो, हू ब हू, हमारे वालिद की तरह ही दिखता है।

ऐ शैबत अल हम्द (हज़रत अब्दुल मुत्तालिब)! अगर ऐसा हुआ तो सारी दुनिया काली घटाओं से घिर जाएगी और सब दुखी व परेशान हो जाएँगे। ख़ासकर हमारे ननिहाल के सभी लोग जो बनी मख़्ज़ूम से हैं, पूरी तरह गहरे दुख व ग़म में मुब्तला हो जाएँगे।

हम आपको मशवरा देते हैं की आप, अल्लाह रब उल इज़्ज़त से इस कुर्बानी के बदल में कोई और दूसरा रास्ता पूछ लें, अगर वो उस पर राज़ी हो जाएँ और कुबूल कर लें।

# 61

# अपने भाई ज़ुबैर की वफ़ात पर

हज़रत अबु तालिब के भाई ज़ुबैर का विसाल काफी कम उम्र में हो गया था और उनके यूँ यकबायक चले जाने से पूरा परिवार ही ग़मगीन था और ये वाकई बड़े ग़म की बात थी की परिवार ने उस बच्चे को खो दिया, जिसके आगे पूरी ज़िंदगी बाकि थी। हज़रत अबु तालिब ने अपने भाई के लिए ये अश्शार कहे -

أسبلت عبرة على الوجنات

قد مرتها عظيمة الحسرات

لاج سيد نجيب لقرم

سيد فى الذرى من السادات

سيد وابن سادة احر زو المج

قديما وشيد وا المكرمات

جعل الله مجد ه وعلا ه

فى بنيه نجا بة والبنات

من بنى هاشم عبد مناف

وقصئ أرباب اهل الحياة

حيهم سيد لأحياء ذا الخلد

الخلق ومن مات سيد الموات

As'balat ab'ratun ala al waja'naati
Qad marat'haa azi'mata al hasa'raata
Laa'khin say'yidin naji'bin li qar'min

Say'yidin fi az'zuraa mi'na as saa'daati


Say'yidu wa ab'nu saa'datin ah'ri zu al'maj
　　Qadi'man wa shai'yidu waa al mak'ru maa'ti
　　Ja ala al'laahu maj da'hu wa ulaa'hu
　　Fi bani'hi na'jaa ba'tan wa al ba'naati


Min ba'ni haashi'min ab'di mu'naafi
　　Wa qusai'yi ar'baaba ah'li al ha'yaati
　　Hai'yu hum say'yidu li yih'yaayi zaa al khul'di
　　Al kha'laqi wa'mam maa'ta say'yidu alam'waati


मेरी आँखों से इस तरह आँसू बहते हैं जैसे बरसात होती है। मैं अपने भाई के वफ़ात के ग़म में कई दिनों से रो रहा हूँ। मेरा भाई एक सरदार था, नेक इंसान था और हमारे घराने के लिए फ़ख़्र का बाइस था। वो हमारे घराने का अलमबरदार था। उसका घराना आला है जो अरब के सरदारों में से एक है। जिनको बुलंदी व मर्तबा, अल्साफ़ से विरासत में मिला है और इसी बुलंदी व शराफत की वजह से ये ताज़ीम पाते हैं।


इस (मेरे भाई) ने ये शराफत और आला शर्फ़ अपने अल्साफ़ से विरासत में पाए हैं और हमारे घराने के तमाम लोगों ने अपने बुजुर्गों के वसीले से ही शराफत व आला शर्फ़ पाए हैं। हमारे घराने के तमाम मर्द और औरतें, शरीफ़ और इज़्ज़तदार हैं। वो, हाशिम, अब्द मनफ और कुसई के खानदान से था। (बनी हाशिम के दादा-परदादा जिन्होंने अरब पर सरदारी की)


इस खानदान की बुलंदी ही ये है की जो इस खानदान के जो लोग जिंदा हैं वो सरदार हैं और जो वफ़ात पा गए वो मरहूमों में मुअज़्ज़म हैं।

# 62

# दोस्त मुसाफिर की वफ़ात

ليت شعرى مسافر بن ابى عمرو

وليت يقو لها المحزون

اى شىء دهاك او غال مرا

ك، وهل اقدمت عليه المنون ؟

انا حا ميك مثل اباءى الزه

ر لا باءك النى لا تهون

ميت صدق على هبالة امسى

و من دون ملتقاك الحجون


رجع الركب سالمين جميعا

و خيليلى فى مر مس مد فون

بورك الميت الغريب كما بو

رك نضح الرمان و الزيتون

مد رة يدفع الخصوم بايد

و بوجه يزينه العر نين

كم خليل يزيند و ابن عم

و حميم قضت عليه المسون


فتعزيت با لتاسى و بالصد

رو انى بضا حبى لضنين

كنت لى عدة و فوقك لا فو

ق فقد صرت ليس دونك دون

كان منك اليقين ليس بشاف

• 184 •

كيف اذ رجمتك عندى الظنون ؟
كنت مولى و صاحبا صادق الخب
رة حقا و خلة لا تخون

• 185 •

فعليك السلام مى كثيرا
انفدت ماء ها عليك الشؤون

Lai'ta shi'ri mu'saa fi'rib ni abi am'ru
    Wa lai'ta ya'qu lu'haa al mah'zunu
    Ay'yu shai'yin da'haaka au ghaa'la mar'aa
    Ka wa hal aq'damat alai'hi al ma'noon?

Anaa haa'mika mis'la aa'baa yi'yaa az'zuh
    Li aa baa'yika an'na laa ta'huna
    Mai'tu sid'qin alaa hu'baa la'ta am'sai
    Wa'min du'ni mul'ta qaa'ka al huju'nu

Ra'ja aa ar ruk'bu saali'mina jami an
    Wa khai'li li fi mar ma'sin mad'funu
    Buru'ka al mai'yitu al gha'ribu ka'maa bu
    Ri'ka naz'ha ar'rum maa'ni wa az zai'tunu

Mid'ra tai yad'faou al khu'suma bi ay'din
    Wa bi waj'hi yazi'nuhu al yir nai'nu
    Kam khali'li yazi'nudu wa ab'nu am'min
    Wa hami'min qa'zat alai'hi al masu'nu

Fata az'zaitu bit'ta as'si wa bis'sad
    Ri'wa in'ni bi saa'hibi laza'ninu
    Kun'ta li ud'datau wa'fau qa'ka laa'fau
    Qu fa'qad sir'tu lai'sa du'naka du'nu

Kaa'na min'ka al ya'qeenu lai'sa ba'shaafin
  Kai'fa iz raj'jam tu'ka in'di az zunu'nu?
  Kun'ta mau'lau wa saa'hiban saa'diqa al khib
  Rati haq'qau wa khul la'tan laa ta'khunu


Fa alai'ka as'salaamu min'ni kasi'ran
  An fa'dat maa ahaa alai'ka ash'shu ou'nu


लइ'ता (शोक) तब कहा जाता है जब कोई ग़मगीन हो और मैं अपने दोस्त मुसाफिर बिन उमरू बेहद ग़मगीन महसूस कर रहा हूँ। आह! की उसे मालूम चले की मैं उसके जाने पर अपने दिल की गहराई में कितना ग़म महसूस कर रहा हूँ।


ऐ मुसाफिर! तुम्हें किस बात का डर था?, या ये तुम्हारी बुलंद सोच थी या फिर मौत ने अचानक तुम्हें अपने आग़ोश में ले लिया?

मैंने हमेशा अपने पुरखों की तरह ही तुम्हारे पुरखों की ताज़ीम की है और ये वो सच्चाई है जिसे कोई बदल नहीं सकता।


कितनी बड़ी है ये मौत जो आखिरकार सच से मिल जाती है (Death is the ultimate truth), तुम्हारा इंतिक़ाल हेबाला में हुआ जो तुम्हारे घर हुजून से दूर है। जो भी तुम्हारे साथ थे, सब लौट आए लेकिन मेरा दोस्त वहीं अपनी लहद में सो गया।


तुम्हारी मौत बाग में तुम तक आई वो बाग जो अनार और जैतून से भरे हुए थे, जो अल्लाह की रहमत हैं। दुआ है की तुम हमेशा यूँ ही खालिक़ की रहमतों के साए में रहो।


तुम हमेशा ही दुश्मनों के मुक़ाबले में कामयाब रहे हो। ये बड़े ग़म की बात है की हमारे कई पुराने ख़ास दोस्त और रिश्तेदार, हमेशा की नींद सोने के लिए कूच कर गए हैं। मैं उसी अंदाज़ में अपना ग़म बयान कर रहा हूँ, जिस अंदाज़ में मेरे अज्दाद किया करते थे। तुम मेरे इतने ख़ास दोस्त हो की जिसे किसी से तौला तक नहीं जा सकता था लेकिन मौत ने हमें अलग

कर दिया।

तुम्हारी इज़्ज़त और शराफ़त इतनी बुलंद है की तुम्हारी वफ़ात के बाद भी तुम्हारी ताज़ीम और शराफ़त बुलंद रहेगी। ये बहुत दुख की बात है की तुम्हारी वफ़ात के बाद हमारी वफ़ा की दुनिया, भरोसा और अंदाज़ सब बदल गया।

तुम मेरे सबसे प्यारे और सबसे क़रीबी दोस्त थे जिस पर मैंने हमेशा भरोसा किया। तुम हमेशा सच्चे रहे और तुमने हक़ और सच से कभी दूरी नहीं बनाई।

मेरा सलाम और दुआएँ, हमेशा तुम्हारे साथ हैं और मेरी आँखें तुम्हारे जाने (वफ़ात) की बात याद करके हमेशा नम रहेंगी।

# 63

# मुआशरे को समझाइश

एक सफर के दौरान, दो अलग-अलग कबीले के लोग एक पुरानी रस्सी के पीछे लड़ने लगे और बाद में लड़ाई बढ़ी तो दोनों एक दूसरे पर लट्ठ से हमला करने लगे जिसमें एक शख़्स की मौत हो गई। जब ये सब देखा तो हज़रत अबु तालिब को बड़ा दुख हुआ और आपने फरमाया -

أمن اجل حبل ذى رحام علوته

بمنساة قد جاء خبل واحبل

هلم الى حكم ابن صخرة انه

شيحكم فيما بيننا ثم يعدل

كما كان يقضى فى امور تنو بنا

فيعمد للامر الجميل و يفصل

Amin aj'li hab'lin zi ra'haami alu'tahu
Bi'min saa'tin qad jaa'aa hab'lau wa ah'bulu

Halum'ma ilaa huk'mi ab'ni sakh'rata in'nahu
Sa'yah ku'mu fi'maa bai'na naa sum'ma ya'dilu

Ka'maa kaa'na yaq'zi fi umoo'rin tanu'buna
Faya'midu lal am'ri al jami'la wa yaf'silu

ये कितने दुख की बात है की तुमने एक शख़्स को सिर्फ़ एक पुरानी रस्सी के पीछे मार डाला।

रस्सियों को तो आसानी से पाया (बनाया/खरीदा) जा सकता है और तुम जानते हो की कोई भी विवाद, इब्न ए सखरा बड़ी ही आसानी से और अमन के साथ हल कर देते हैं।

तुम इस मामले को उनके पास क्यों नहीं ले गए?, जहाँ पर ये आसानी से अदल ओ इंसाफ के साथ, साफ हल हो जाता।

# 64

# हिफ़ाज़त का अहद

हज़रत अबु तालिब ने रसूलुल्लाह मुहम्मद सल्लललाहु अलैहे व आलिही व सल्लम की हिफ़ाज़त का ऐलान किया और दुश्मनाने रसूल के ख़िलाफ़ खुलकर खड़े रहने की बात की।

بكيت اخا لا واء بحمد يومه
كريم رووس الدار عين ضروب

Ba'kaitu akhan laa waa'aa bi ham'di yau'muhu
  Kari'mun ra'ousu ad'da ari yi'na zaru'bu

मैं बहादुरी और हिम्मत की तस्वीर हूँ फिर भी मैं अपनों से बिछड़ने पर रोया की उनके साथ बिताए दिन मेरे लिए मायने रखते हैं।

मैं एक बहादुर इंसान हूँ। मैंने लोहे की ज़िरह और सर का कवच पहना हुआ है और मैं मुहम्मद की तमाम हमलावरों से हिफ़ाज़त करूँगा।

# 65

# ईमान ज़ाहिर करना

ياشــاهد الخلق على فاشهد

انى على دين النبى احمد

من ضل فى الدين فأنى مهتدى

Yaa shaa'hidi al khal'qi alai'ya fash'hadi

An'ni alaa di'ni an nabi'yi ah'madi

Man zal'la fi ad'dini fa in'ni muh'tadi


ऐ दुनिया में रहने वाले तमाम लोगों! मैं चाहता हूँ की तुम गवाह रहो और लोगों तक ये बात पहुँचाओ।


मैं अहमद (मुहम्मद सल्लललाहु अलैहे व आलिही व सल्लम) के दीन पर हूँ, जो अल्लाह का रसूल व पैग़म्बर है।


अगर कोई ईमान के मामले में शक करे तो उसे करने दो की मुझे इससे कोई फ़र्क़ नहीं पड़ता, मैं यक़ीनन सही रास्ते पर हूँ।

# मनक़बत दर शान ए अबु तालिब

आओ मैं बतलाऊँ कि, क्या क्या अबु तालिब का है?
रब ए काबा की कसम, काबा अबु तालिब का है
आ गई जिसकी दुआ पर, अवाबील की फौज भी
काबा का ऐसा मुहाफ़िज़, बाबा अबु तालिब का है


वो रिसालत से विलायत के रहे हैं निगहबाँ
और इमामत से भरा, शजरा अबु तालिब का है
उनकी आमद पर खड़े हैं, बा'अदब बारह इमाम
तुम ना समझोगे कभी, क्या रुत्बा अबु तालिब का है


आते हैं जिब्रील लेके, शक्ल ए वही में रब के पयाम
आयतें उतरतीं हैं जहाँ, वो घर अबु तालिब का है
एक भतीजा, एक बेटा, एक बहु, दो नूरऐन
चादर ए ततहीर में, कुन्बा अबु तालिब का है


कहती है उम्मत जिसे, हबीब ए खुदा, अपना नबी
वो मुहम्मद मुस्तफ़ा, भतीजा अबु तालिब का है
कह रहे हैं जिसके बेटे को नुसेहरी, अपना खुदा
कुल का जो मौला है वो, बेटा अबु तालिब का है


पढ़ रहा है नोक ए सिना, आयात ए कुरआन को
ये सर ए हुसैन ही तो, सर अबु तालिब का है
कट रहा है किस तरह, अपने खुदा के नाम पर
करबला की ख़ाक में, खूँ अबु तालिब का है

कर रही हैं अपने बेटों को भतीजों पर फिदा
दिल तो ज़ैनब का है पर, जज़्बा अबु तालिब का है
देखता हूँ अलम ए गाज़ी, होता है मुझको गुमान
परचम ए अब्बास पर, पंजा अबु तालिब का है


ढाल बनकर, तीर खाना, मुस्कुराना बेशीर का
तबस्सुम ए बेशीर में लहज़ा अबु तालिब का है
पूछते हो हमसे "सैयद", उनके ईमाँ की दलील
रब ए काबा की कसम, खुद रब अबु तालिब का है


बन गया नूर ए खुदा, दीन ए नबी की ढाल भी
अरे! हर सहाबा से बड़ा, ईमाँ अबु तालिब का

# ईमान ए अबु तालिब

रसूलुल्लाह मुहम्मद सल्ललल्लाहु अलैहे व आलिही व सल्लम ने, मौला अली अलैहिस्सलाम से फरमाया, "ऐ अली! तुम्हारी मिसाल मेरे भाई ईसा अलैहिस्सलाम की तरह है। जिस तरह उनके दुश्मनों ने उनसे नफरत की और उनकी माँ पर झूठी तोहमतें लगाईं, ठीक उसी तरह, तुम्हारे दुश्मन, तुमसे दुश्मनी रखेंगे और तुम्हारे बाबा (हज़रत अबु तालिब) पर झूठे इलज़ाम व तोहमत लगाएँगे। (कन्ज़-अल-उम्माल)

मौला इमाम अली अलैहिस्सलाम ने फरमाया, "उस ज़ात की कसम की जिसने मुहम्मद सल्ललल्लाहु अलैहे व आलिही व सल्लम को रसूल बनाकर भेजा! अगर बरोज़ ए हश्र, मेरे बाबा (हज़रत अबु तालिब), अल्लाह के हुज़ूर खड़े होकर, दुनिया में आए सभी गुनाहगारों की हिमायत करें और उनके लिए बख़्शिश माँगें तो अल्लाह सबको माफ फरमा देगा। (तज़किरतुल ख़्व'आस)

हज़रत अबु बक्र रज़िअल्लाह अन्हो फरमाते हैं, "हज़रत अबु तालिब का उस वक़्त तक दम आखिर नहीं हुआ जिस वक़्त तक आपने ये ना कह दिया। मैं गवाही देता हूँ की अल्लाह के अलावा कोई माबूद नहीं और मुहम्मद, अल्लाह के रसूल हैं। (शेख़ अल्-अबता, अल बिदा'यह वल निहा'यह)

# मनक़बत दर शान ए अबु तालिब

शरीक ए दावत ए इस्लाम हैं अबु तालिब
नबी को हक़ का इक इनआम हैं अबु तालिब
हरीम में, वही में, इल्हाम हैं अबु तालिब
हरम के अज़्म का एहराम हैं अबु तालिब


ये चुनकर लाए जो गुंचा वो फूल हो जाए
फिर इनकी गोद में पलकर रसूल हो जाए
रसूल ए रब के निगेहबान हैं अबु तालिब
नबी हैं दीन तो ईमान हैं अबु तालिब
शरीक ए दावत ए इस्लाम हैं अबु तालिब
नबी को हक़ का इक इनआम हैं अबु तालिब


नुज़ूल ए वही का उन्वान हैं अबु तालिब
बग़ैर लफ़्ज़ों का क़ुरआन हैं अबु तालिब
इन्हीं के दम से हुई इब्तिदा ए बिस्मिल्लाह
इन्हीं ने नुक़्ता दिया ज़ेर ए ब ए बिस्मिल्लाह


पयम्बरी की बलाओं का रद अबु तालिब
मदद ख़ुदा की है शक्ल ए मदद अबु तालिब
नबी की ढाल, दम ए गिर्द ओ क़द अबु तालिब
निशाना ख़त्म ए रसूल और ज़द अबु तालिब


जिहाद इनका है पस ए मन्ज़र ए जिहाद ए अली
अली हैं बाद में इनके ये पहले नाद ए अली
शरीक ए दावत ए इस्लाम हैं अबु तालिब
नबी को हक़ का इक इनआम हैं अबु तालिब

कहाँ है तंग नज़र हमसे भी तो आँख मिला
है इनके कुफ़्र का दावा तो कुछ सबूत भी ला
कोई तो रस्म जहालत की इनके घर में दिखा
बुतों के आगे झुका इनका सर, सर अपना झुका
खुदा के नूर पे ओ ख़ाक डालने वाले
ये बुत शिकन को हैं गोदी में पालने वाले


रसूल इनका बड़ा एहतराम करते हैं
सवाब ए दीद से तंजीम ए आम करते हैं
सहर को उठते ही अव्वल ये काम करते हैं
इन्हें नमाज़ से पहले सलाम करते हैं
नबी अगर किसी काफिर को यूँ सलामी है
तो फिर ज़रूर नबूवत में कोई खामी है


शरीक ए दावत ए इस्लाम हैं अबु तालिब
नबी को हक़ का इक इनआम हैं अबु तालिब


इन्हीं के घर में हैं खैरुल अनाम सल्ले अला
पिसर नबी का है क़ायम मुकाम सल्ले अला
किसे नसीब है ये एहतराम सल्ले अला
के इनके खुर्द हैं सारे इमाम सल्ले अला


ख़ता मुआफ हो ये भी अगर नहीं मोमिन
तो फिर जहान में कोई बशर नहीं मोमिन
शरीक ए दावत ए इस्लाम हैं अबु तालिब
नबी को हक़ का इक इनआम हैं अबु तालिब


ना जाँचिए ये रिवायत ना सीरत ओ किरदार
नबी की आँख से अब इनको देखिए एक बार
ये बारगाह ए रिसालत में आपका था वक़ार

पछाड़ खा के इन्हें रोए अहमद ए मुख़्तार
वो आम हुज़्न बना इनका जब विसाल हुआ
ये ग़म रसूल की उम्मत में एक साल हुआ


शरीक ए दावत ए इस्लाम हैं अबु तालिब
नबी को हक़ का इक इनआम हैं अबु तालिब


ये मरने वाला गर ईमान ही ना लाया था
तो क्या रसूल ने काफिर का ग़म मनाया था
ज़ुबाँ पे व अबता बार-बार आया था
वो खुद भी रोए थे औरों को भी रुलाया था
जता दिया था कि जो मोहसिन ए रिसालत है
तो उसको रोना रुलाना नबी की सुन्नत है


शरीक ए दावत ए इस्लाम हैं अबु तालिब
नबी को हक़ का इक इनआम हैं अबु तालिब